2014上海网络信贷服务业白皮书

上海市信息服务业行业协会

上海市信息服务业行业协会金融信息服务专业委员会

上海市信息服务业行业协会
上海市信息服务业行业协会金融信息服务专业委员会
上海市网络信贷服务业企业联盟
上海融道网金融信息服务有限公司
上海资信有限公司
艾瑞咨询集团
网贷之家

联合编纂

上海财经大学出版社

SISA 上海市信息服务业行业协会
shanghai informatipon services association

图书在版编目(CIP)数据

2014 上海网络信贷服务业白皮书/上海市信息服务业行业协会等编.
－上海:上海财经大学出版社,2014.9
ISBN 978-7-5642-2000-6/F・2000

Ⅰ.①2… Ⅱ.①上… Ⅲ.①信贷-网络服务-白皮书-上海市-2014
Ⅳ.①F832.751—39

中国版本图书馆 CIP 数据核字(2014)第 207273 号

□ 责任编辑　刘　兵
□ 书籍设计　钱宇辰
□ 责任校对　胡　芸　林佳依

2014 SHANGHAI WANGLUO XINDAI FUWUYE BAIPISHU
2014上海网络信贷服务业白皮书

上海市信息服务业行业协会
上海市信息服务业行业协会金融信息服务专业委员会
上海市网络信贷服务业企业联盟
上海融道网金融信息服务有限公司
上海资信有限公司
艾瑞咨询集团
网贷之家
联合编纂

上海财经大学出版社出版发行
(上海市武东路 321 号乙　邮编 200434)
网　　　址:http://www.sufep.com
电子邮箱:webmaster @ sufep.com
全国新华书店经销
上海华教印务有限公司印刷
上海远大印务发展限公司装订
2014 年 9 月第 1 版　2014 年 9 月第 1 次印刷

787mm×1092mm　1/16　12.5 印张(插页:1)　191 千字
定价:38.00 元

编辑委员会

序言

　　网络信贷是近年来随着互联网兴起而出现的一种基于互联网技术的新型借贷模式,因其有助于借款人和资金方(包括资金的直接拥有者、金融机构与民间资金)在互联网平台上进行沟通和对接,从而大大节约了借贷的中间成本,促进了整个社会的资金融通效率,有助于缓解中国目前金融改革开放不足、"金融压抑"十分严重的融资难现状。

　　网络信贷在中国的兴盛具有特殊的国情原因。中国幅员辽阔,区域经济发展差距较大,资源分配不均、城乡天壤之别决定了中国需要多层次、多元化的金融服务。在信息时代的大背景下,云计算、移动互联网、大数据等新兴信息技术的发展,让金融插上互联网的翅膀,突破地域限制,在二三线城市具有强烈融资需求的中小微企业、个人与集中在北上广等一线城市的金融资源(包括富裕人群和金融机构资源)之间建立起一个金融信息沟通的桥梁。

　　在欧美等金融服务发达国家,金融服务覆盖几乎所有人群;而中国的传统金融体系与之相比有很大的差距,尤其是中小微企业及个人小额融资需求及消费信贷需求亟待满足。中国中小微企业数量巨大，国家工商总局《全国小微企业发展报告》显示，截至 2013 年底，全国各类企业总数为 1 527.84 万户。其中，小微企业 1 169.87 万户，占企业总数的 76.57%。若将 4 436.29 万户个体工商户视作微型企业纳入统计，则小微企业在工商登记注册的市场主体中所占比重达到 94%。他们每年为国家创造 60% 的国民财富，贡献了 50% 的财政税收，提供了 80% 以上的城镇就业，创造了 65% 的发明专利和 80% 以上的新产品开发，在繁荣经济、增加就业、推动创新、改善民生等方面发挥着不可替代的作用，这其中含有大量的优质借款人。然而，他们无法获得借款的原因并不是他们信用不好，只是由于现有的金融体系难以为他们提供服务，这为中国互联网金融的发展提供了巨大的机遇。

2014 年，根据不完全统计，网络信贷中最重要的模式之一——P2P 网贷——的企业数量已有近 2 000 家，贷款规模超过 1 000 亿元人民币，居全球第一。而网络信贷其他模式，如垂直金融搜索引擎、贷后管理平台、网贷行业门户、网贷第三方征信系统等多种模式也纷纷涌现，说明其切合了社会现阶段的融资需求，有其合理的社会基础。但是，新事物、新行业的快速发展都蕴含一定的风险。目前，网络信贷行业尤其是 P2P 仍然处于无门槛、无标准、无监管的"三无状态"，投资者选择 P2P 平台冀望高收益，而忽略平台的信息透明度和风险控制能力。在 P2P 行业风险预警逐步升级之时，监管部门开始着手进行调研并制定法规、规范。兼具双重行业基因的互联网金融行业下一步如何发展、如何风控、如何监管、如何创新，以及场外巨头财团如何介入、如何合作、如何评价，将持续成为政府、媒体、业内人士以及社会各界关注的焦点。

上海作为互联网金融的细分领域——网络借贷行业——最早的发源地,拥有多个业内第一:中国首家纯线上模式的 P2P 平台——拍拍贷;中国首个网络信贷服务业自律行业组织——上海市网络信贷服务业企业联盟;中国首个垂直金融搜索平台、首个 OFA 在线融资贷款代理平台——融道网;中国首个大型金融集团开设的 P2P 平台——陆金所……这些"第一"成就了上海产业发展领先的地位,也体现了上海政府对于互联网金融的开放态度。

《2014 上海网络信贷服务业白皮书》将站在中立角度,通过一手的数据和一线的案例,对上海网络信贷服务业行业的发展历程、发展环境、行业模式、行业风险等进行系统性的梳理与盘点,为广大读者把握行业发展动态,研判行业发展趋势,捕捉行业发展机遇提供有益的参考和帮助,也希望能为中国互联网金融行业的做强做大,贡献一个成功的范本。

秘书长:马海湧

上海市信息服务业行业协会

2014 年 7 月

P2P 行业寄语

P2P 和众筹是互联网金融未来发展的方向。

——清华五道口金融学院院长　吴晓灵

P2P 的监管应是信息监管，要以数据为基础。

——中国投资有限责任公司副总经理　谢　平

互联网金融在中国的发展有无限可能

——上海市信息服务业行业协会副秘书长　李　娟

P2P 法务属于高危职业，规范企业行为请重点防范刑法风险。

——大成律师事务所资深律师　肖　飒

互联网金融是中国对世界的贡献。

——陆金所董事长　计葵生

互联网金融，人类金融史上的第三次浪潮，而这一次，执牛耳者将是中国。

——融道网创始人　周　汉

数据金融、网络金融、普惠金融，创新改变生活，信用创造价值，让天下没有难借的钱

——拍拍贷创始人　张　俊

我们重视和坚持微金融的创新，致力于推动中国金融信用体系的建设，希冀为促进和建立中国的普惠金融体系，尽绵薄之力。

——证大财富总经理　贺　牧

P2P发展的关键是风控和透明。

——信而富创始人　王征宇

上海人的"胆小"，造就了上海P2P平台的谨慎。

——网贷之家创始人　徐红伟

上海的P2P公司把金融信息服务当成金融实业；北京的P2P服务更倾向于互联网服务；深圳地区民间借贷较发达，因此P2P服务也更接近民间借贷。

——新新贷创始人　张　扬

洞察互联网金融行业趋势,助力中国经济腾飞。

——艾瑞咨询

P2P 应该发挥互联网的长尾效应,为更多的小微商户和个人提供服务,体现互联网"开放、平等、包容"的精神和金融的普惠性。

——你我贷创始人、总裁 严定贵

互联网金融的时代即将来临,在时代的变革期,您做好成为时代弄潮儿的准备了吗? 今天很残酷,明天更残酷,后天会见到曙光的。

——国诚金融创始人 王建章

那些不被嘲笑的梦想,不值得去实现

——手机贷总经理 俞 亮

互联网金融作为传统金融的有益补充,将会迎来更美好的明天。

——投储在线创始人 何仕景

坚持开放、创新、透明、风控,让互联网金融真正服务于发展中的中小微企业!

——永利宝 CEO 于 刚

我们始终相信互联网金融能带给小微企业的不仅仅是资金,所以我们也一直致力于挖掘更多的数据,寻找更多的方法,从而创造更大的服务价值。

——奇子贷创始人 樊 奇

互联网金融应该把中间的环节降到最低,带来成本效益的提高。

——点融网创始人 郭宇航

P2P 行业在小额信贷技术的创新,促进了中国多层次金融体系的完善。

——合盘贷董事长 陈志生

目录

第壹章

上海网络信贷行业发展综述

1.1　网络信贷服务行业相关概述

1.1.1　网络信贷——信贷的第三次浪潮

借贷是人类最古老的行业之一。在原始社会末期，随着生产力的提高、私有制和贫富分化的产生，就发生了实物借贷，公元前 1790 年古巴比伦国王制定的《汉谟拉比法典》就有规范借贷关系的条文；中国西周时期的《周礼》也有"听称责以傅别"的记载，说的就是官员在审理借贷纠纷时要有凭据、证据，而当时小麦借贷是无息的；而货币产生之后，借贷活动开始以货币为中介，货币借贷逐渐取代了实物借贷。

公元前 4 世纪左右的古希腊，雅典和斯巴达之间的旷日持久的战争，导致了物产匮乏的古希腊人积极从事海外贸易以补充粮食和军需物资，出海贸易需要本钱，由此产生了"海事信贷"——历史上最早的高利贷＋保险；而在中国的战国时期，当时孟尝君为了养活自己的 3 000 门客，在自己的封邑薛地放债收息，某一年薛地歉收在催收之后仍然"得息钱十万"。

最早经营借贷业务的机构,则是寺庙。早在公元前 2000 年,古巴比伦一些寺庙就已经经营钱币兑换、保管业务,随之放贷业务出现。古希腊时代,智慧女神雅典娜的神庙成为当时人们存款、交易和放贷的地方,而"海事信贷"与现代信贷最主要的区别就是一无抵押、二无质押、三无担保,可以说是历史上最早的"信用贷款";在中国的南北朝时期,由于战乱和佛教兴盛,寺院累积了巨额的财富,取代了传统放贷的主体政府和富贾大户,"寺库"成为金融机构,不仅经营抵押借贷——"质贷",而且经营信用贷款——"举贷"。

相对于借贷,互联网即使从 20 世纪 60 年代进行酝酿时算起,至今也不过 50 多年,而且两者在精神上更是完全背道而驰:互联网开放、平等、协作、分享,而信贷则是经营风险的行业,靠信息不对称来赚取利润,因此相对封闭、保守、透明度低,尤其是在中国长期处于金融压抑的状态下,金融市场发展不足、金融商品较少、居民储蓄率高,在信贷方面则表现为利率管制、实行选择性的信贷政策、对金融机构进行严格准入管理等,目前为止,金融业仍然是中国开放程度最低的行业之一。

互联网从 20 世纪 90 年代开始,就成为草根创业的热土,众所周知,互联网的出现打破了信息的不对称性格局,竭尽所能透明一切信息,对批发零售业、酒店与旅游业、新闻业、制造业等几乎所有靠信息不对称赚钱的传统行业都形成了巨大的冲击。行业越传统、开放程度越低,所受到的冲击自然也就越大,信贷也是如此。

1.1.2 网络＋银行的初体验

1995 年 10 月美国成立了世界上第一家无任何分支机构的纯网络银行——SFNB (Security First Network Bank),在网络上提供大范围和多种银行服务,其中也包括信贷服务,虽然普遍被业界寄予厚望,但却由于经营困难,于 1998 年被加拿大皇家银行金融集团(Royal Bank Financial Group)全资收购,其失败的主要因素正是因为开放的美国金融业快速跟进了这种便捷、高效的服务方式,纷纷通过网络来为客户提供服务,SFNB 根本无法与它们竞争。

而在中国,虽然 1997 年 4 月,招商银行推出了自己的网站——"一网通",将"一卡通"的账务查询功能以及银企对账和股票信息查询搬上了互联网,由此拉开了网络银行在中国的发展序幕,随即中国银行在 1998 年 3 月、中国建设银行 1999 年 4 月启动了网上银行,但很长时间以来由于受制于非现金支付问题与仍待完善的社会个人信用体系而发展缓慢。

2012 年,根据中国金融认证中心发布《2012 中国电子银行调查报告》,该年个人网银柜台业务替代率达 56%,企业网银替代率为 65.8%。而在美国,根据 Novantas 发布的《美国网上银行交易情况调查》,2010 年,选择通过网上银行进行转账业务、查询账户结余、购买银行研究产品的用户比例分别从 2005 年的 34%、44%、46% 急剧增加到 67%、76%、77%。

然而在业务方面,我国现在开展的银行电子商务主要集中于电子支付业务,网络银行的业务深度和广度非常有限,在个人理财方面,银行只是作为基金、保险、信托的代销渠道,只是在 2013 年,受余额宝、理财通、百度理财、活期宝等的刺激下,工商银行、交通银行、平安银行、招商银行、民生银行才开始推出网上个人理财业务。

在网络信贷方面,2012 年 9 月成立的平安集团旗下上海陆家嘴国际金融资产交易市场股份有限公司是全国性股份制银行在网络信贷方面的首次尝试,2012 年 12 月,由国开行旗下国开金融有限责任公司和江苏金农股份有限公司合资推出的"开鑫贷"是第二家,2013 年 10 月,招商银行开始直接推出 P2P 业务——"e＋稳健融资项目";民生银行则在 2013 年下半年的社区银行战略受挫后,才于 2014 年推出了直销银行。

1.1.3 网络信贷中国特色

目前网络信贷早已经在中国如火如荼,热度全面超越欧美发源地。

从借款人一方来看,欧美日等发达国家由于金融业本身已经十分发达,信息透明度比较高,也由于社会信用体系比较健全,网络信贷服务业如 1996 年成立的搜索和比较消费金融产品的 Lendingtree,2005 年成立的首家 P2P 平台英国的 Zopa,世界上最大 P2P 平台美国的 Lending Club,以及世界上最大的众筹网站 Kickstarter,起到的都是在传统金融体系之外的"拾遗补阙"的作用。尤其是 P2P 平台,解决的是信用评分最好的 10% 人群的小额信贷需求,从理论上来说,资质较好的客户,获得的利率甚至可以低于社会平均利率,而 Lendingtree 这种金融产品比价平台,则是进一步优化了信贷行业,提高了信息的透明度。在中国,恰恰相反,P2P解决的是没有在银行系统内留下过信用记录,或者资质较差、从银行得不到服务的长尾客户的需求,这对于中国金融业来说,是一块从未开垦过的巨大处女地。

从出借人一方来看,欧美富裕阶层的年龄基本都在四五十岁,这些人已经与银行业、证券公司建立了稳定的合作关系,没有尝试新生事物的需求。而在中国,富裕人群较年轻,对新科技在财富管理方面的运用有强烈需求。根据《2013中国大众富裕阶层财富白皮书》的数据,中国大众富裕阶层中出生于1960~1989年的为绝大多数,共占了81.1%,这些人对财富管理的需求是非常巨大的,而且他们对互联网、移动互联网等新兴技术接受度也很高,这得归功于中国拥有良好的互联网基础。统计数据显示,截至2012年12月底,中国网民规模已达到5.64亿,互联网普及率为42.1%,再加上超过5 000万的中小微企业,90%以上从未在银行获得过贷款,这些都为互联网金融的迅速普及创造了可能。

因此,除了P2P,垂直金融搜索引擎、OFA在线融资代理、众筹融资、电商小贷等多种模式在中国得到了迅速发展,充分体现了互联网对于大数据的整合利用、对于已有行业潜力的再次挖掘,对于落后的中国金融业的影响,可以与15世纪欧洲文艺复兴时期,造纸术和印刷术对西欧的影响相提并论。

在造纸术和印刷术引入欧洲之前,书籍几乎是宗教的垄断物,当时手抄图书只有几万册。而在1450~1500年,只经过50年,欧洲印版书已达3.5万种,数量猛增到900万册。没有造纸术,就无法满足文艺复兴时期所需要的大量纸张,就无法大量印制非宗教书籍;而没有印刷术,新教思想就无法广泛传播,宗教改革就不可能成功,西欧就不会从中世纪的黑暗时代解脱出来。

在中国,虽然中国银监会要求银行对于小企业信贷投放做到"两个不低于":增速不低于全部贷款增速,增量不低于上年,但是截至2012年末,全国金融机构小微贷款余额仅为14.77万亿元,仅占各项贷款余额的21.95%,这与占中国企业总数94%的中小微企业而言,实在是不成比例;而专业服务小额信贷的小额贷款公司,虽然至2013年末已经达到了7 839家,然而贷款余额仅为8 191亿元,只是"手抄本"的速度,根本解决不了汹涌的小额信贷需求。

而 P2P 网贷平台的出现,则使大量中国的小额信贷需求走出了只能求助于高价地下民间借贷的黑暗时代,沐浴到了互联网金融创新光芒。据网贷之家发布的 2013 年 P2P 行业数据显示,全年行业总成交量 1 058 亿元,较 2012 年 200 亿元左右的规模呈现爆发式增长。全国 90 家主要平台总成交量达 490.22 亿元,共成交 56.14 万笔,平均每笔仅为 8.73 万元。

如果说古希腊的"海事信贷"属于人类信贷发展历史的第一次浪潮,而到了 1609 年,荷兰阿姆斯特丹银行的成立,发明了支票和资金转账的系统,缔造了现代银行的概念是信贷的第二次浪潮,那么互联网为信贷带来的冲击,则是第三次浪潮,它必将冲破金融压抑的雾霾,改变中国信贷行业的版图。

1.2　上海互联网服务行业环境分析

1.2.1　上海总体网民发展规模

截止到 2013 年 12 月底,上海网民规模已达到 1 683 万人,上海互联网普及率已经达到 70.7%,高出全国平均水平(45.8%)24.9 个百分点。上海市互联网已经进入稳步发展期,网民增长速度与全国增长趋势同步,未来网民数量的增长动力将主要依靠移动互联网的推动作用。高度的互联网普及率为网络信贷服务行业的发展提供了发展的基础。

1.2.2　网民收入结构特征

与全国网民相比,上海市网民的收入水平比较高。截止到 2013 年 12 月底,上海网民中,月收入在 2 000 元以上的网民所占比例达 63.2%,其中月收入在 5 000 元以上的网民所占比例为 24.9%,比全国相应比例高 12.1 个百分点;月收入在 1 500 元以下的网民占 30.7%,比全国相应比例低 10.2 个百分点。上海市网民的收入结构呈现出低收入人群占比低于全国平均水平,高收入人群所占比例高于全国平均水平的态势。高收入上网人群的相对集中,为网络信贷服务业的发展提供了有利的契机。

1.2.3　商务交易类网络应用的普及

在商务交易类网络应用的领域,2013 年上海依然保持持续、稳健、快速的发展势头,成为促进上海产业结构调整、助推经济社会发展、提升上海企业辐射力和竞争力的重要力量。网络购物、网上支付、网上银行依然为上海网民三大主流商务应用。截止到 2013 年 12 月底,上海网民的网络购物使用率达到65.7%,比全国平均水平高出 16.8 个百分点;上海市网民网上支付的使用率为59.3%,高出全国平均水平 17.2 个百分点。淘宝和天猫发布的支付宝 2013 年账单显示,上海地区的支付金额排名全国第四(9.3%),人均支出排在全国首位(31 018 元);网上银行使用率为 56.8%,高出全国平均水平 16.3 个百分点。上海网民良好的网上交易类应用的应用习惯,为上海发展网络信贷服务业提供了非常有利的条件,尤其是网民人均支出额居于全国首位,说明上海网民对使用网络商务交易领域的服务已经非常成熟。

1.3　上海网络信贷服务行业政策与社会环境分析

1.3.1　有关网络信贷的相关法律法规

我国 P2P 贷款法律监管尚处摸索阶段,没有专门针对 P2P 贷款的国家法律出台,只有部分相关法律法规涉及 P2P 贷款的部分领域(如图 1.1)。但是 P2P贷款行业已经引起了监管层的高度重视,本着"促发展,暗监管"的原则,开始维护这一新生行业。

互联网金融在中国还属新兴行业,关于 P2P 贷款的法律法规几乎是空白,相关的制度约束仅限于各基本法律的部分条文,并没有成体系的约束。P2P 网贷处于互联网、金融等多个行业的交叉领域,不但容易形成监管真空,而且还容易产生行业标准不统一、各方争夺市场主导权以及利益分配不均等乱象,不利于行业的健康发展。而且目前顺利解决 P2P 贷款的市场监管问题,赋予正规P2P 贷款企业合法地位,不但有助于解决 P2P 贷款行业发展问题,还可以为互联网金融其他领域的法规监管问题积累经验,提供解决方案。

名称	颁布时间	颁布机构	内容侧重
刑法	1979年	全国人大	洗钱罪
民法通则	1986年	全国人大	民间借贷利息最高不得超过同期银行贷款利率的4倍；超出部分利息
合同法	1999年	全国人大	法律不予保护。
关于人民法院审理借贷案件的若干意见	1991年	最高人民法院	在借贷关系中，仅起联系、介绍作用的人，不承担保证责任。
电信管理条例	2000年	国务院	P2P网站需在电信管理局进行注册登记，业务种类为"互联网信息
公司登记管理条例	2006年	国务院	服务业务"。
个人信用信息基础数据库管理暂行办法	2005年	人民银行	个人信用报告目前仅限于中华人民共和国境内设立的商业银行、城市信用合作社等金融机构、人民银行、消费者使用。网络借贷中介平台并非合法使用者。
中国银监会办公厅关于人人贷风险提示的通知	2011年	银监会	提示风险，并要求银行业金融机构必须建立与P2P公司之间的防火墙。
征信业管理条例	2012年	国务院	规范市场，将形成以公民身份证号码和组织机构代码为基础的统一社会信用代码制度
支付业务风险提示	2013年	人民银行	提示网贷信用卡套现风险限制信用卡投资网贷

图 1.1　2013 年中国 P2P 贷款相关法律法规

1.3.2　有关网络信贷的官方表态

2014 年 3 月 5 日全国两会期间，在提请十二届全国人大二次会议审议的政府工作报告中提到，"促进互联网金融健康发展，完善金融监管协调机制"。这是互联网金融首次被写入政府工作报告，标志着互联网金融进入决策层视野，体现政府开放心态、实现包容性增长的执政理念和坚定推进金融改革的决心以及鼓励创新发展的总原则，也标志着互联网金融将正式进入中国经济金融发展序列，并有望得到名正言顺的市场定位和决策层重视。

在上海，早在 2010 年 9 月 3 日，上海市政府办公厅就组织了对融道网的调研，并形成了《融道网创新模式探索中小企业融资新途径或能成为金融信息服务业的"阿里巴巴"》专报送呈市委市府主要领导。

2012 年 1 月 12 日，在上海市信息服务业行业协会金融信息服务专业委员会举办的第二届上海金融信息服务业高峰论坛上，融道网创始人兼首席执行官周汉发布了《网络信贷或成上海发展金融信息服务行业第三极》的调研报告，提出网络信贷将成为继金融资讯平台和第三方支付之后，上海大力发展金融信息服务业的第三个抓手，该报告得到了与会上海市经信委副主任傅新华等领导的认可。2013年11月19日,在第二届上海金融信息服务业论坛上,上海市经信委软件和信息服务业处处长朱宗尧表示:"上海金融信息服务业经过十年的发展,已形成三类业务主体:一是十年前发展起来的金融资讯业,包括万德、大智慧、东方财富等;二是五年前发展起来的以第三方支付为主的企业,包括汇付天下、快钱等;三是最近发展起来的网络信贷企业。"

2012年12月,上海市信息服务业行业协会、上海杨浦区政府共同主办了2012上海金融信息服务业年度峰会暨网络信贷服务业企业联盟成立大会,上海市委常委、常务副市长屠光绍,前上海市副市长、上海现代服务业联合会会长周禹鹏共同为全国首个网络信贷行业组织——上海市网络信贷服务业企业联盟——揭幕。该联盟是全国首个网络信贷服务业行业组织,首批成员单位包括陆金所、融道网、拍拍贷等知名企业。

在广泛地征求了上海市信息服务业行业协会金融信息服务专业委员会、上海市网络信贷服务业企业联盟等行业组织,以及阿里巴巴小微金融集团、陆金所、融道网、百度小贷、上海资信有限公司、汇付天下、快钱、网贷之家等上海市知名互联网金融行业企业的意见之后,2014年8月7日,上海市政府印发《关于促进本市互联网金融产业健康发展的若干意见》(下称《意见》)。这是继3月份《深圳市人民政府关于支持互联网金融创新发展的指导意见》出台后,全国第二份支持互联网金融发展的"地方版"政策文件。

《意见》明确,努力把本市建成互联网金融产业发展的高地,进一步提升上海国际金融中心的影响力、辐射力、创新力和资源配置能力。

《意见》共20条,内容涵盖了本市促进互联网金融健康发展的指导思想、政策措施、工作机制、行业基础设施建设和发展环境营造,以及上海在引导互联网金融规范发展、防控相关领域金融风险方面的打算和举措。

《意见》指出,鼓励有条件的企业在上海市发起设立以互联网为主要业务载体或以互联网业务为主要服务领域的各类持牌金融机构。支持电子商务平台等大型互联网企业在本市设立小额贷款、融资担保、融资租赁、商业保理等新型金融企业。支持有条件的互联网金融企业依法申请有关金融业务许可或进行有关金融业务备案,申领增值电信业务经营许可等经营资质。允许主要从事互联网金融业务的企业在名称中使用"互联网金融"或"网络金融"字样,并在工商登记等环节提供便利。

对互联网金融领域的新兴业态和创新模式，上海市战略性新兴产业发展专项资金、服务业发展引导资金、高新技术成果转化专项资金等财政资金予以重点支持。支持有条件的互联网金融企业进行软件企业、高新技术企业、技术先进型服务企业等方面认定，按照规定享受相关财税优惠政策。

上海市支持社会资本发起设立互联网金融产业投资基金、并购基金，鼓励各类机构投资有发展潜力的互联网金融企业。支持互联网金融企业在境内外多层次资本市场上市（挂牌）。支持银行业、证券业、保险业持牌金融机构积极开展互联网金融领域的产品和服务创新，提升金融服务广度、深度和能级。对持牌金融机构在沪设立的主要从事互联网金融相关业务的法人机构或功能性总部，市、区县两级政府可根据相关政策给予支持。

《意见》还称，积极支持有条件的区县、园区结合自身产业定位，建设有特色的互联网金融产业基地（园区），制定有针对性的政策措施，引导互联网金融企业合理集聚。对优秀互联网金融产业基地（园区），市、区县两级政府可给予一定支持。

《意见》表示，支持建立互联网金融行业协会、联盟，制定自律公约、行业标准，加强对会员企业及其从业人员的职业道德和职业纪律约束。充分发挥第三方机构作用，探索对有关领域互联网金融活动开展监测评估，建立社会力量参与市场监督的工作机制。

针对互联网金融特点，探索建立行业风险监测、预警和应急处置机制。配合国家相关部门健全互联网金融领域支付安全、信息安全等方面的监管制度、技术规范及标准体系。加强相关政府部门间的信息共享，完善本市互联网金融企业及其从业人员诚信体系，并加强投资者教育，提高投资者风险意识及产品认知、风险识别能力。畅通互联网金融消费投诉渠道，加强金融消费者权益保护。

为营造互联网金融发展的良好环境，《意见》表示要积极吸引互联网人才，鼓励互联网金融领域创新，对重要创新成果，支持申报本市金融创新奖。鼓励持牌金融机构与互联网金融企业在客户资金存管（监管）、渠道营销、风控外包等方面开展深度合作，构建互联网金融产业联盟，促进信息技术手段与金融业务的融合运用。

1.3.3 居民存款率

发展 P2P 网络信贷服务业,除政策环境外,还有一些其他社会环境因素也会影响到该行业的发展。

中国居民存款率居世界第一位,大量货币资产停留在银行。

从贷款需求方的角度看,目前银行放贷审核比较严格,满足条件的大型企业融资需求非常固定,整体市场格局稳定。而中小微企业由于比较难满足放贷条件,因而很少能得到银行的资金支持。中小微企业以及创业者单体贷款需求量小,但是总量巨大,如果这部分资金需求无法从庞大的居民储蓄中解决,既无益于我国金融体系的活跃,也必然促进资金需求方对新型融资渠道的需求。

从资金供给方的角度看,在面临通货膨胀压力的情况下,高比例的居民储蓄如果得不到相应的回报,则储蓄对用户的重要性就将减弱。而且普通用户放贷资金规模较小,无法通过常规渠道进行投资。这两个原因促使资金供给方也对新型融资渠道产生需求。

综合两方的需求,P2P 贷款平台是一种将两种需求对接的有效渠道。

1.3.4 信用体系及信息征集

信用体系的完善无疑为 P2P 贷款发展提供了良好条件,在这方面国内还有很多不足。

长久以来,中国官方的信用收集和征信体系是掣肘中国金融发展的一个重要因素,中国人民银行的个人信用数据收集仅限于信用卡消费和还款信息,而我国信用卡消费并不是主流的支付渠道,发卡量也远不及美国,无法做到每个用户都持有一张,因此这方面的数据收集对我国信用体系建设的贡献十分有限(如图 1.2 所示)。

P2P 贷款信用征集对我国信用体系的完善主要体现在以下三个方面。

首先,征集范围。P2P 贷款所覆盖的投融资者均是正规银行体系很难覆盖的中小微企业及资金供给量小的社会群体,这两部分用户是支持我国正常经济活动的最大群体,对他们的信用数据收集及评估,能够最客观地反映我国的信用发展水平的真实情况,对央行的数据库覆盖规模是巨大的补充。

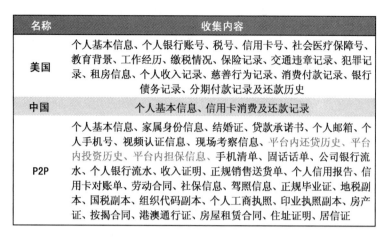

名称	收集内容
美国	个人基本信息、个人银行账号、税号、信用卡号、社会医疗保障号、教育背景、工作经历、缴税情况、保险记录、交通违章记录、犯罪记录、租房信息、个人收入记录、慈善行为记录、消费付款记录、银行债务记录、分期付款记录及还款历史
中国	个人基本信息、信用卡消费及还款记录
P2P	个人基本信息、家属身份信息、结婚证、贷款承诺书、个人邮箱、个人手机号、视频认证信息、现场考察信息、平台内还贷历史、平台内投资历史、平台内担保信息、手机清单、固话话单、公司银行流水、个人银行流水、收入证明、正规销售送货单、个人信用报告、信用卡对账单、劳动合同、社保信息、驾照信息、正规毕业证、地税副本、国税副本、组织代码副本、个人工商执照、印业执照副本、房产证、按揭合同、港澳通行证、房屋租赁合同、住址证明、居信证

图 1.2　中美官方信用数据收集及 P2P 贷款信用收集对比

其次，征集细致度。由于 P2P 贷款的线上运作，P2P 贷款公司在风险控制层面面临的最大挑战是确认投融资双方的真实信息，因此会从多个维度确保筹资人的真实身份、筹资目的以及还款能力。这可以极大地丰富央行数据库的信息维度，做到全面、立体地评估我国用户及企业的信用。

最后，征集准确性。P2P 贷款是互联网技术和科技发展的产物，其获取及利用数据的能力要比传统金融机构优秀、成熟，并且不断进步的技术手段可以促进数据获取的准确性。尤其是投融资双方在 P2P 贷款平台的行为信息，完全可以通过信息技术进行实时连续地抓取，及时反映信息的变化，对相应的风险提前做出预防。

1.3.5　利率市场化

利率市场化是一国金融环境自由发展的标志之一，从欧美的经验上看，利率限制对金融生态环境的实际意义远小于其象征意义。美国和欧洲各主要国家在 20 世纪 80～90 年代相继完成了利率市场化，虽然这对监管机构的权力进行了部分削弱，但是利率市场化对金融生态环境自律性的促进作用弥补了这部分损失，一个开放、有序的金融环境对于新生金融技术和模式的正向刺激作用非常显著。

1.3.6　资源分布和人力分布

中国是一个发展中国家，城市发展、企业分布和人口分布都不平均。这种特殊的资源分布在短期内对于 P2P 贷款的拓展是一种优势,因为网络在信息获取和传播方面的成本低廉,加之 P2P 贷款平台内的资金需求规模较低,也可以有效调动经济欠发达地区的投资需求。

但是从长期来看,尽管中国的人力成本还低于欧美地区,但是人力成本逐步走高是未来的趋势,且由于信用体系的限制,大部分融资业务依然依靠线下的尽职调查来评估风险,这种模式势必导致 P2P 贷款平台向线下运作,对平台长期的发展提出了挑战。

综上所述,中国在用户需求、人力成本等软环境方面非常适合 P2P 贷款的发展,但是诸如信用体系和信息征集方式等硬性环境条件上还有待改善。值得一提的是,P2P 贷款的蓬勃发展有助于我国在这两方面环境的建设。

1.4 国外网络信贷服务业发展情况

1.4.1 美国 P2P 贷款发展历程

艾瑞分析认为,美国的 P2P 贷款行业经历了三个主要的发展历程(如图1.3 所示)。

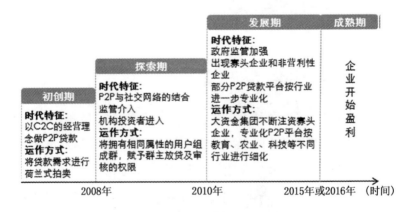

图 1.3 美国 P2P 贷款的发展历程

初创期:2005 年 Prosper 公司成立,以该公司为代表的美国 P2P 企业在创立之初,以电子商务平台的运作模式为蓝本,建立了网络信贷的基本框架,将贷款需求引入平台,按照荷兰式拍卖的形式为融资需求筹集资金。当时并没有按照投融资人的信用等级来对信贷进行评分,完全根据拍卖结果来实现评级。这种运作方式比较笨拙,系统操作困难,投融资效率低。同期另一家代表企业 Lending Club 于 2007 年成立。

探索期:进入 2008 年,Prosper 公司的贷款业务遭到 SEC(美国证券交易委员会)的禁止,这意味着美国仅用了 3 年时间,政府监管就正式介入了 P2P 贷款领域。尽管 2009 年在 Prosper 获得相应资格后,SEC 恢复了它的业务,但是其国内龙头的地位已被 Lending Club 所取代。

在这一时期,美国的 P2P 贷款出现了两个变化:第一是风险控制的进步,从之前简单的以拍卖结果评级,引入了社交网络,当时的经营者认为,由于用户之间具有相同的属性,因此贷款违约的可能性要小;第二是机构投资者以投资人的身份进入平台投资,这说明 P2P 贷款的影响力得到了显著提升,但由于机构投资者在投资过程中仅关注筹资者的资信水平,因此对社交网络的力量有所削弱。

发展期:2010 年后,美国 P2P 贷款进入高速发展时期。这一时期内,主要出现了三个变化:首先,政府监管进一步加强,虽然对整个行业的规范起到了正向刺激,但是 SEC 对 P2P 平台的监管过于严格,给经营带来了一定的不便。

其次,随着机构投资者的进入,美国的大型投资银行也开始注意到了 P2P 贷款这一领域,开始投资优质的 P2P 贷款公司,其中尤以 Prosper 和 Lending Club 为主,也正因为大型投行的介入,使得 P2P 贷款行业很快出现了寡头型企业,行业进入洗牌期。

最后,由于寡头型 P2P 贷款企业对市场的垄断,导行业发展战略由规模化转入个性化。出现了一批针对不同行业的专业型 P2P 贷款公司。

成熟期:预计 2015 年后,美国的 P2P 贷款行业将走向成熟,其中最重要的一个标志是 P2P 贷款公司实现盈利。

1.4.2　国外 P2P 贷款行业对中国的启示

国外 P2P 贷款的经验对中国的启示主要体现在以下三个方面。

首先,监管介入较早。作为一个金融强国,一方面,美国金融业对企业的监管比较严格,在接受 SEC 监管之后,P2P 贷款企业需要将每天的贷款列表提交 SEC,信息的全面披露保证在出现法律纠纷时,有据可循。另一方面,美国政府对 P2P 贷款行业介入的另一大主旨在于对用户的保护,做到公平对待所有投资者、保护筹资者的个人隐私和投资风险意识的教育。目前中国的法律规范主要以行业规范为主,很少照顾到终端用户的保护,未来中国的监管措施可以以保护用户作为出发点。

其次,资本市场的介入。国外资本市场对 P2P 贷款行业的介入主要体现在两个方面:第一,项目投资者。随着 P2P 贷款市场的逐步完善,吸引到了许多优质贷款需求,进而吸引金融机构以投资者的身份进入 P2P 贷款平台,这将为未来 P2P 贷款平台的交易规模提供主要动力。第二,战略投资者。P2P 贷款在服务金融的同时,也是互联网和金融交叉领域很有发展潜力的行业,尽管目前还没有企业实现盈利,但增长速度和前景都十分令人期待,因此大型投资银行会以战略投资者的身份,注资 P2P 贷款公司扶植其发展。在没有实现盈利之前,投资银行投资 P2P 贷款公司主要关注其体系的科学性和完整性,因此如果国内的 P2P 贷款公司想获得长足的发展,还要专注于自身体系的建设。

第三,专注于用户服务。平台化公司的本质是服务,对于服务细节和运作体系的建设要比其他事情重要。由于非平台企业所涉及的用户数量少,破坏性较弱。但是平台化企业一旦破产,就会波及大量用户,给社会带来极大的危害。而一个健康、良性的运作体系是保证企业成功的先决条件。从美国的经验上看,一个将用户服务做好的公司和行业,会自然提高行业的进入门槛,并且使用户产生品牌忠诚度,虽然短期内面临营收方面的压力,但利于企业的长久发展。因此中国的 P2P 贷款行业一定要树立很高的从业门槛,杜绝以赚钱为唯一目的的劣质经营者,专注自身体系的建设,做好服务。

1.4.3 海外 P2P 小额信贷典型模式案例研究

1.4.3.1 Lending Club 简介

Lending Club ,2007 年成立于美国加利福尼亚州旧金山,是首家于美国证券交易委员会以票据注册为证券的 P2P 网贷平台,以点对点借贷模式汇集了符合信用的借款人和精明的投资者,提供更快、更便利的渠道实现借贷和投资以取代高成本和复杂性的银行贷款方式,从而摆脱了银行在借贷中的核心媒介作用。

截至 2013 年 11 月,Lending Club 已累计促成 28 亿美元的借贷交易(Lending

Club 的业务流程见图 1.4)。

借款人:提出借款申请　　　借款人:得到资金　　　　借款人:自助还款
投资人:开立账户　　　　　投资人:建立投资组合　　　投资人:获利再投资

图 1.4　Lending Club 业务流程

1.4.3.2　Lending Club 的生态系统

随着 Lending Club 业务规模的快速增长,Lending Club 提供了可通过权证进行交易的二级平台,由 FOLIOfn 运营。2010 年 11 月,LC Advisor(投资管理公司)注册成功,以保障投资者的资金安全。随着 Lending Club 大额投资期的到来,Lending Club 设立了投资低风险借款人(A、B 级客户)的保守信贷基金 CCF 和投资于中等风险借款人(B、C、D 级客户)信贷基金 BBF。

此外,生态圈中涌现了一些围绕 Lending Club 进行数据分析的工具和平台(Nickel Steamroller、Lendstats、Peercube、Interest Radar),形成了完整生态系统(见图 1.5),主要针对不同的投资决策进行回测。

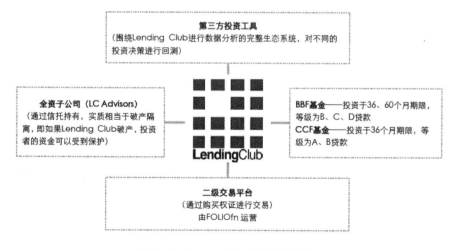

图 1.5　Lending Club 生态系统结构

1.4.3.3 Lending Club 的发展历程

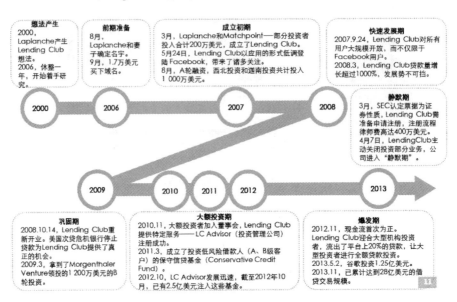

图 1.6　Lending Club 的发展历程

1.4.3.4 Lending Club 的借款层级

Lending Club 以"Better Rates"为核心理念,通过发行收益权凭证,为用户彼此之间直接进行投资和贷款提供交易平台,避免了高成本和复杂性的银行借贷系统,从而剩下的收益以更低的利率受益于借款人,以更高的收益回报给投资者。

Lending Club 设定了清晰明确的借贷模式,将借款人分为从 A～G 7 个不同的贷款等级,每个等级中又有 5 个子等级,即每一笔贷款根据借款人信用报告中的详细数据在系统的规则分配下划分为 A1～G5 共计 35 个贷款等级,而根据每笔贷款的等级信息、借款额度、借款期限等确定该笔贷款的利率(如图 1.7 所示)。

借款期	A			B	C	D	E	F	G
子等级	1	2-3	4-5	1-5	1-5	1-5	1-5	1-5	1-5
36个月	1.1%	2.0%	3.0%	4.0%	5.0%	5.0%	5.0%	5.0%	5.0%
60个月	3.0%	3.0%	3.0%	5.0%	5.0%	5.0%	5.0%	5.0%	5.0%

图 1.7　Lending Club 的借款层级

1.4.3.5 Lending Club 的业务流程

整个业务流程只需 10 分钟即可完成所有步骤。一旦借款人在 Lending Club 发布了贷款需求,投资者即可对其进行投资,完成整个贷款的投资过程可以从短短的几个小时到最长 14 天,平均为 5～6 天。

投资者在 Lending Club 上通过投资工具进行投资组合的设定,或者通过浏览平台上发布的贷款信息,自行选择投资项进行投资即可(如图 1.8 所示)。

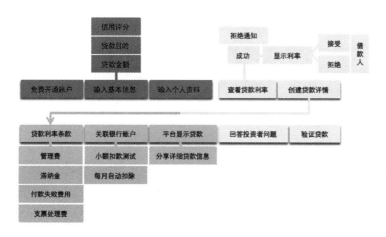

图 1.8　Lending Club 的业务流程

1.4.3.6 Lending Club 的借款流程

Lending Club 的借款流程见图 1.9。

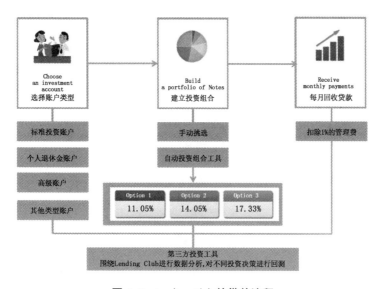

图 1.9　Lending Club 的借款流程

1.4.3.7 Lending Club 的风险控制

规定清晰明确的借款资格要求,严格审核 Lending Club 贷款申请(事实上,接近90％的申请都被拒绝)。

Lending Club 会向信用机构报告所有借款人的还款行为,延期还款或者违约都会降低还款人的信用指数,以此对借款人产生约束,有效地控制了坏账风险。

Lending Club 与专业第三方催收机构合作,将逾期贷款率和坏账率控制在很小的范围内(如图 1.10 所示)。

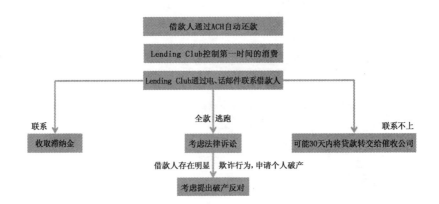

图 1.10　Lending Club 逾期贷款催收流程

1.4.3.8 Lending Club 的盈利模式

Lending Club 本身并不直接接触投资者和借款人之间的资金往来,其核心盈利模式主要来自于借贷双方的手续费(如图 1.11 所示)。针对借款人的手续费为其整体借款规模的 1.1％～5.0％,针对投资者则主要收取投资总额 1.0％的管理费。

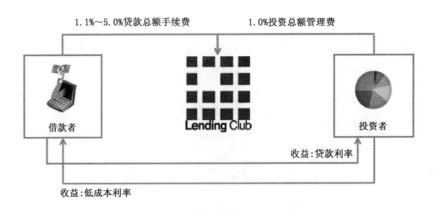

图 1.11　Lending Club 的盈利模式

第6章

上海网络信贷服务
行业发展状况分析

2.1　上海金融行业发展状况分析

2.1.1　上海:历史上的国际金融中心

上海从 20 世纪 20～30 年代就成为了远东著名的国际金融中心,银行、证券交易所、金业交易所、面粉、纱布和粮油交易所、保险公司、信托公司、储蓄会和大企业的储蓄部一应俱全。

1929 年中央银行总部在上海成立,中国银行总管理处于 1927 年迁沪,交通银行总行 1928 年迁沪,国民党政府逐渐在上海建立了包括四行(中国、中央、交通、农业)、二局(中央信托局、邮政储金汇业局)、一库(中央合作金库)的金融体系,而民族资本建立的银行如盐业银行、金城银行等的部署地或总管理处也相继迁至上海。到 1936 年全国 164 家华资银行中有 59 家的总行设在上海,加上外地银行所设的分支行共有银行机构 182 个,另外有 11 家信托公司、48 家汇划钱庄、3 个储蓄会等。在信贷方面,1932 年,交行全行对工商业放款的余额为 641 万元,到 1936 年底已增至 6 922 万元,增长了 9.8 倍。金城银行在 1919～1937 年,仅对棉纺织业的放款额就从 40 万元增长至 1 282 万元,18 年增长 30 倍。

而作为国际金融中心的重要指标是外资银行的数量,当时上海国际著名大银行包括英商麦加利银行、美商汇川银行、法兰西银行、德意志银行、花旗银行、荷兰银行等,至 1936 年 6 月,上海共有外资银行 27 家。

中国第一家证券交易所也是 1891 年于上海成立的上海股份公所(后于 1904 年改名为上海众业公所);1920 年成立了华商证券交易所;1921 年成立上海金业交易所,1926 年黄金交易量就超过 3 116 万条,以每条日金 480 元计算,价值 149.6 亿日金,而 1929 年的日本国民收入才 115.1 亿日元。而各种远期、近期和期货市场,各种金融工具都配套齐全,为国际贸易和金融提供了套期保值的功能。外汇市场的交易量也超过香港和印度孟买,是不折不扣的远东国际金融中心。

2.1.2 昔日荣光重现

自从 1992 年浦东开放后,上海就开始试图重新擦亮"国际金融中心"的老字号招牌,1990 年新中国第一家证券交易所——上海证券交易所——开业;1994 年 4 月,中国外汇交易中心在上海开业,上海成为人民币汇率生成地;1996 年 1 月,全国资金拆借一级网在上海开通运行;同年 12 月,外资银行经营人民币业务开始在上海浦东试点;2002 年,银联落户上海,10 月,上海黄金交易所正式开业;2003 年 6 月,在上海形成全国统一的票据市场服务平台;2005 年 8 月,人民银行上海总部落户上海;2006 年金融期货交易所成立……上海集中了股票市场、银行间同业拆借市场和债券市场、外汇市场、票据市场、期货市场、金融期货市场、黄金市场,已经建立起完整的市场体系。

2009 年 4 月,国务院出台了《国务院关于推进上海加快发展现代服务业和先进制造业建设国际金融中心和国际航运中心的意见》,提出到 2020 年,基本建成与我国经济实力以及人民币国际地位相适应的国际金融中心;基本形成国内外投资者共同参与、国际化程度较高,交易、定价和信息功能齐备的多层次金融市场体系;基本形成以具有国际竞争力和行业影响力的金融机构为主体、各类金融机构共同发展的金融机构体系;基本形成门类齐全、结构合理、流动自由的金融人力资源体系;基本形成符合发展需要和国际惯例的税收、信用和监管等法律法规体系,以及具有国际竞争力的金融发展环境。

2013 年 9 月,由新华社发布的"2013 新华—道琼斯国际金融中心发展指数报告"显示,2010～2013 年,上海的排名始终位于全球第 6 位,仅次于纽约、伦敦、香港、东京、新加坡,高于巴黎、法兰克福、芝加哥和悉尼,而成长发展要素排名更是连续四年位列全球榜首。2012 年,上海金融市场交易总额 528 万亿元,比 5 年前增长了 3 倍多;在沪金融机构总数达 1 227 家,较 5 年前增加了 405 家。商业银行资金营运中心、券商资产管理公司、专业养老保险公司、专业健康保险公司、金融租赁公司等各类功能性金融机构和新型金融机构不断涌现。

在"外资行指标"上,国际金融中心"要求外资银行至少 100 家,外资非银行中介机构至少 200 家;至少 200 家外资公司或银行机构选为地区总部所在地"。上海也日益接近这一指标:截至 2013 年,上海有外资法人银行 22 家、外资银行分行 73 家、外资银行支行 106 家,是外资银行在中国布局最密集的城市之一。上海银监局数据显示,首批在中国成立法人银行的 4 家外资银行,2013 年末的资产总额已经达到 9 700 亿元,比 2007 年成立之初时,增长了 1.07 倍。2014 年上海的外资法人银行拟开设分支机构的数量达到 100 家,其中包括一些来自新兴经济体的银行。

2.1.3 自贸区再上一层楼

中国(上海)自由贸易试验区(以下简称上海自贸区)的设立,有望使上海完成建设国际金融中心的"最后一公里"。上海自贸试验区,覆盖上海市外高桥保税区、外高桥保税物流园区、洋山保税港区和上海浦东机场综合保税区 4 个海关特殊监管区域,总面积 28.78 平方公里。与以往不同,这片区域不是单一功能或项目突破,更不是给政策优惠,而是重在制度创新,全面推动投资、贸易、金融、行政法制等领域的体制机制改革,建立一个与国际通行规则相衔接、可复制可推广的基本制度框架。

而各项金融改革是自贸区的重点:如金融市场利率市场化、人民币资本项目可兑换进行先行先试(风险可靠前提下)、允许设立外资银行以及民资与外资合办中外合资银行、允许设立有限牌照银行、允许设立外商投资资信调查公司、允许部分中资银行从事离岸业务、鼓励融资租赁业务并给予税收支持、逐步允许境外企业参与商品期货交易、从事境外股权投资的项目公司可减税等,尤其是开放民营资本进入银行、实现资本项目可兑换以及利率市场化等改革,更是将大大加快上海成为名副其实的国际金融中心的步伐。而截至2013年末,累计22家银行业金融机构正式获批在试验区设立25家营业性网点。银监会已正式批复同意4家具备离岸业务资格的中资商业银行可授权自贸区分行办理离岸业务。

2014年6月,经央行上海总部验收,中行、工行、建行的上海市分行,以及浦发银行上海分行、上海银行共计5家银行已实现了开立自由贸易账户的功能,自贸区分账核算体系正式落地。标志着自贸区金融改革进入全新阶段,在上海自贸区区内的主体以及境外机构可以通过自由贸易账户办理经常和直接投资项下的跨境资金结算。首单业务为工行从工银集团境外的新加坡分行拆入一笔资金1亿元人民币,用于向中海发展股份有限公司刚开立的自由贸易账户发放燃油款国际贸易融资。中海发展在收到该笔贸易融资款后,随即通过分账核算单元申请购汇汇出。

除了银行接入分账系统外,中国人民银行上海总部与上海黄金交易所签署了合作备忘录,作为境内在岸交易市场,上海黄金交易所将接入中国人民银行上海总部系统,并依托自贸区自由贸易账户体系为国际投资者参与黄金交易提供便利。

2.1.4　网络信贷服务助小微

在信贷方面,截至2013年末,上海银行业各项贷款余额4.5万亿元,占全国银行业2013年贷款余额71.9亿元的6.26%,而同期上海GDP为2.14万亿元,全国的GDP为56.49万亿元,上海占比为3.78%,显然上海的信贷资源集中度要高于全国平均水平。

在服务中小微企业方面,2013年7月5日,国务院办公厅下发《关于金融支持经济结构调整和转型升级的指导意见》,8月13日,上海印发了"关于贯彻《国务院办公厅关于金融支持经济结构调整和转型升级的指导意见》实施方案",在意见的指导下,截至2013年末,在沪银行小微企业贷款余额9 030亿元,增幅(14%)高于各项贷款增幅6个百分点;增量(1 099亿元)较上年同期多增151亿;小微企业授信客户数17.41万户,同比增加1.31万户;单户授信500万元以下小微企业贷款余额增幅(24.8%)高于同期各项贷款增幅18.3个百分点；单户授信 500 万元及以下的小微企业授信户数 11.34 万户，同比增加 2.45 万户。小微贷款覆盖率为 15%，较年初上升 2.72 个百分点；小微企业申贷获得率达 88%。全辖小微专营支行数超 200 家，基本实现小微企业方圆 2 公里银行网点全覆盖。

在小贷公司方面，根据上海市金融办地方金融管理处公布的资料，截止到 2013 年 9 月末，上海已有 116 家小贷公司，注册资本 166 亿元，已开业 108 家，累计放贷 23 921 户 42 930 笔 962.50 亿元，贷款余额 7 627 户 8 611 笔 175.91 亿元。其中，累计向 6 857 家小微企业放贷 313.18 亿元，向 1 201 家创业企业放贷 46.04 亿元，向 1 212 家科技企业放贷 75.36 亿元，向 200 家文化创意企业放贷 11.66 亿元。平均贷款期限 8.25 个月，平均年利率 17.19%。

统计显示，截至 2013 年 10 月底上海中小微企业已增加至 37.96 万户，全市中小微企业数量已占到上海法人企业总数的 99.61%，增速略高于全市平均水平。从业人员达 867.54 万人，占全市法人企业从业人员总数的 77.3%。2012 年，中小微企业营业收入总额 7 万亿元，占全市法人企业总额的 56.13%。可见中小微企业对于上海经济的重要性。

然而，不管是银行还是小贷公司，都远远无法满足中小微企业的融资需求。根据数据，2013 年上海银行业小微企业融资余额增量为 1 099 亿元，新增客户 1.31 万户，平均单户授信额度高达 838.93 万元，远远超出了"小微贷款"的概念；即使是在小贷公司方面，7 627 户 8 611 笔 175.91 亿元的贷款余额，单户也高达 230.64 万元，单笔也达 204.29 万元，也远高于一般中小微企业的融资额度。

中小微企业的发展决定了上海国际金融中心多元化的经济基础，而网络信贷的服务对象是从传统金融机构贷不到款的长尾客户——主要是中小微企业，因此，上海网络信贷行业的发展，对于改善上海中小微企业的生存环境、帮助它们健康成长将起到决定性的作用。

2.2 上海互联网金融发展状况分析

2.2.1 上海率先提出"金融信息服务"的概念

互联网金融成为行业名词出现在 2013 年，而在此之前，与互联网相结合的金融企业或与从事金融服务的互联网企业,被归入"金融信息服务业"。

金融行业是最早将信息技术引入业务管理的行业之一。早在 20 世纪 50 年代,国外先进银行就已经开始利用计算机进行票据集中录入,实现账务管理的批处理,成为金融信息化的开端。在经过了单机批处理阶段、联机实时处理阶段、经营管理信息化阶段之后,目前国际金融行业的信息化已进入银行再造与虚拟业务阶段。

在中国,"十五"末期,我国各家商业银行基本完成数据处理中心的建设和业务数据集中处理,数据集中为管理信息系统的建设奠定了良好基础,在收集完善的客户信息、交易信息及其他各种金融信息并进行数据挖掘的基础上,部分商业银行已经开始尝试信息的深度开发和综合利用,采用数据仓库技术初步建立了以信贷风险管理、客户关系管理、资产负债管理和金融监管为代表的决策支持平台。上海在全国率先提出了"金融信息服务"的概念。在目前看来,金融信息这一概念比互联网金融、网络信贷更全面准确。"金融信息"不涉及线上、线下之争,明确强调了金融和信息这两个关键属性。

从金融的角度理解,网络信贷行业需要政府部门监管、需要具备严格风险控制的管理流程和能力;"信息"这一概念,要求网络信贷行业恪守中介平台的本质,公开透明披露运营信息,同时极大地提高了金融服务效率,并解决了大量未被传统金融体系覆盖的问题。

根本上看,建议把"普惠金融"的概念引进来。解决普惠金融问题,不一定是互联网金融,但一定是金融信息服务。

2013 年 6 月 29 日举行的 2013 年陆家嘴论坛"金融互联网的发展前景"主题论坛上,虽然传统金融机构人士将与互联网相结合的金融企业定义为"金融互联网",将从事金融服务的互联网企业定义为"互联网金融",然而与会人士皆承认,从长远来看 ,两者的融合是必然的趋势——显然,这正是金融信息服务的范畴。

2.2.2 上海市明确支持金融信息服务业发展

上海市政府率先明确支持金融信息服务行业,2010 年上海市政府首次提出,围绕建设国际金融中心,上海将大力发展以金融咨询平台、电子支付等为重点的金融信息服务业。2011 年 12 月，中共上海九届市委十七次全会上，时任上海市委书记俞正声强调，坚持创新驱动，加快推动经济发展转型，要痛下决心、坚定不移地推动科学发展。他表示，在创建国际金融中心的过程中，上海金融信息服务行业正承担着促进传统金融行业向现代金融服务业转变的重要职能，也可以说，金融信息服务业的水平决定着上海金融服务业的水平。

迄今为止，在金融资讯平台方面，上海有新华社"新华 08"、万得信息"国际金融交易服务平台"、东方财富"财经网站平台"及"大智慧金融终端"等金融信息服务平台；在电子支付板块，上海已成为国内第三方支付最发达地区之一，持牌企业占全国总量的 1/3 左右。知名企业包括银联、汇付天下、盛付通、通联支付、东方电子支付、快钱、环迅支付等，涵盖银行卡结算、预付卡、互联网支付等多种模式，其中银联和汇付天下分别名列支付行业的第一与第三位。2014 年 2 月 18 日，随着央行宣布在上海自贸区启动第三方支付机构跨境人民币支付业务试点，上海的 5 家第三方支付机构快钱、盛付通、银联、通联、东方电子还正式获得首批跨境支付全业务试点牌照。

网络信贷服务业也日益成为上海发展金融信息服务行业的重要分支之一，2011 年 8 月，网络信贷 B2C（Bank to Customer）模式的创立者、中国垂直贷款搜索引擎的鼻祖融道网，在上海率先获得工商局许可，将"金融信息服务"加入企业名称，并在营业执照中体现"金融信息服务"的业务范围，随后，拍拍贷、你我贷、诺诺镑客、畅贷网等一大批沪上网络信贷服务业企业，均改名"金融信息服务公司"，表明网络信贷服务业已经获得了社会与政府初步的认可。2012 年 1 月，上海市信息服务业行业协会金融信息服务专委会秘书长、融道网创始人兼首席执行官周汉在 2011 上海金融信息服务业高峰论坛提出"网络信贷或将成为上海发展金融信息服务第三极"，该观点已经为上海市政府各部门所广泛接受并已经成为现实。

在互联网金融的众多模式中，除了第三方支付、P2P 和垂直贷款搜索引擎，上海也涌现出更多的互联网金融代表企业，如采取众筹模式的追梦网，从事比特币交易的 FXBTC、比特币中国，从事网上基金销售的东方财富旗下"天天基金网"，阿里、腾讯和平安共同成立的众安在线财产保险公司也于 2013 年 11 月 6 日正式在上海揭牌，上海已经日益成为中国互联网金融模式最丰富、创新最活跃的区域。

为鼓励金融信息服务业发展,上海在工商注册、领导参与、各级政府政策扶持方面,都迈出了积极的步骤,并成立了上海金融信息服务产业基地,以金融信息服务和金融业务流程外包为核心,以技术密集型和资本密集型的金融技术服务为支持的高科技金融信息服务区,吸引金融信息机构入驻。

2014 年以来,随着国务院加强对金融业转型升级的支持力度以及上海市政府对于互联网金融发展的积极推进,对上海的金融信息服务产业发展将产生根本影响。

上海市高层领导已经明确上海将从工商登记等方面推出一系列扶持政策,支持互联网金融发展,为互联网金融营造良好的环境。上海市发改委等部门积极探索对互联网金融企业进行有针对性的政策扶持;上海资信公司等征信服务机构加快互联网征信平台建设,推动解决制约互联网金融行业发展的信用信息不对称等突出问题。

2.2.3 上海金融信息服务企业积极推动行业自律

正是由于上海市各级政府积极支持和关心,上海最早形成了行业协会组织框架下的自律、互律、他律机制。

上海市信息行服务业行业协会顺应发展需求,于 2010 年成立了上海金融信息服务专业委员会。金融信息服务专业委员会自成立以来,一直携手企业奋战在产业发展的第一线。2011 年底,行业协会率先提出了网络信贷发展元年的概念,2012 年 1 月,融道网、拍拍贷、你我贷、诺诺镑客、畅贷网、维诚金融、财安金融、中国资金网等在"第二届上海金融信息服务业高峰论坛暨上海银行家沙龙年会"上,共同发起了国内首个金融信息服务业企业自律倡议:"依法诚信经营,抵制不当竞争,防范业务风险,保障客户利益。"

2012 年底成立了国内首个互联网金融的行业组织——"上海市网络信贷服务业企业联盟",上海市委常委、常务副市长屠光绍亲自为联盟揭牌,这是全国最早的由政府职能部门作为指导单位的互联网金融自律组织,包括拍拍贷、陆金所、信而富、证大 E 贷、你我贷、点融网、新新贷、诺诺镑客在内的全国知名 P2P 企业均为联盟成员单位。

上海市网贷企业联盟成立以来,一直围绕着行业自律和规范发展,组织了多次行业交流,不仅基本覆盖了上海的主要金融信息服务机构,而且汇聚了不少国内其他地区有影响力的机构,包括北京、深圳等地的机构。上海金融信息服务机构定期开会交流,行业协会定期了解情况,形成了相对健康的行业发展环境,使得上海网贷行业迄今没有出现重大动荡、也没有跑路的机构。

2.2.4　上海率先制订全国首个《网络借贷行业准入标准》

随着 P2P 行业发展火热,上海酝酿出台了全国首个网络借贷行业准入标准。

2013 年 12 月 18 日,"网罗天下贷动未来"上海金融信息服务业年度峰会暨上海互联网金融高峰论坛隆重召开。同日,上海市网络信贷服务业企业联盟率先发布《网络借贷行业准入标准》(下称《标准》)。《标准》由信而富、陆金所、拍拍贷、证大 e 贷、畅贷网、点融网、你我贷、诺诺镑客在内的 8 家起草委员会委员起草,适用于联盟成员单位,并上报至上海市经济和信息化委员会、上海市金融服务办公室备案。

《标准》从网贷行业的运营持续性要求、高层人员任职资格条件、经营条件、经营规范、风险防范、信息披露、出借人权益保护、行业监督等方面都进行了详细规定。

《标准》明确网络借贷服务机构必须建立自有资金与出借人资金隔离制度,出借资金由第三方账户管理;不得在匹配借贷关系之前获取并归集出借资金,不得以期限错配的方式设立资金池;网络借贷平台本身不得提供担保,不以平台名义向出借人承诺保本保息;应采用统一的风险评估指标发布逾期风险信息,逾期风险信息须每季度向联盟报备,并至少每半年通过联盟认可的第三方审计机构审计后向出借人公开。

《标准》作为明确详细的"游戏规则",以在中国当下野蛮生长的众多的 P2P 平台中,可为投资者和借款人区分出相对规范的 P2P 平台,促进网络借贷行业健康可持续发展。

2.2.5　上海首创定期向国家征信机构报送网贷数据

上海是国内第一个成建制、定期向国家征信机构报送网贷数据的地区。上海资信有限公司1999年成立于上海,是上海目前唯一融个人征信系统与企业征信系统为一体的公司,主要业务是为个人与企业提供征信、评级服务。2009年,央行征信中心正式控股上海资信。

以信而富等为代表的P2P机构,率先向上海资信全量报送数据,开创了先河。上海的网贷机构不仅共享黑名单,形成网贷行业"准征信系统"的架构,还得到了央行征信管理局和征信中心的积极支持和鼓励。

上海资信搭建这一系统是央行征信中心的统一部署,目前已经有200多家机构接入,实现了P2P平台之间的信息共享。在技术上,这套系统后台与央行征信中心完全一致,现阶段由上海资信来承担服务前端客户的任务。

2.2.6 上海金融信息服务机构在业务模式的合规性方面进行了积极探索

关于P2P的监管政策方向趋近明朗。从央行条法司提出界定的"非法集资"涉及的三种业务模式,到银监会有关领导提出的P2P网贷平台应该把握4条边界,到P2P发展的五条原则,提出引入外部审计、公开透明披露各项运营信息等要求,上海金融信息服务专业委员会成员机构一直在积极努力,按照合规要求进行转型和调整,不触碰政府监管红线。以信而富为例,严守中介服务性质,使得借贷双方一一对应,资金通过合法独立第三方支付机构进行流转,不存在资金池、居间交易、期限错配等问题。

此外,上海金融信息服务机构还积极参与了监管机构组织的多次座谈、讨论,不仅通过自己的实践,还发表了很多从业经验、体会、研究成果,积极帮助监管机构了解P2P行业,并为监管框架的健康发展献策献力。

2.3 网络信贷市场发展前景

从P2P贷款在国内的发展历程来看,目前我国P2P贷款正处于行业整合期(如图2.1所示)。

萌芽期:P2P小额贷款的理念起源于1976年,但鉴于当时并没有互联网技术,因此在该理念下的金融活动无论是贷款规模、从业者规模还是社会认知层

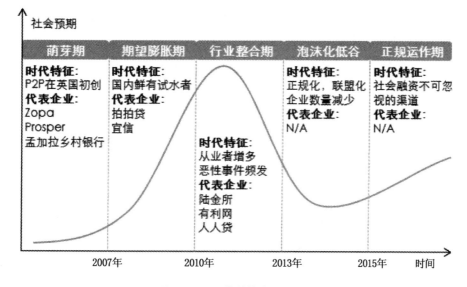

图 2.1　P2P 贷款的发展历程

面都比较局限。直到 2005 年 3 月,英国人理查德·杜瓦、詹姆斯·亚历山大、萨拉·马休斯和大卫·尼克尔森 4 位年轻人共同创建了世界上第一家 P2P 贷款平台 Zopa,P2P 贷款才被广泛传播。次年 Prosper 在美国成立,如今这两家 P2P 贷款平台已经成了欧美最典型的 P2P 贷款平台。

期望膨胀期:2006 年股市的火热为我国 P2P 贷款行业的发展起到了积极作用,一方面它为我国居民解放了投资理财的思想枷锁,另一方面在股市中积累的财富也急需在 2007 年以及之后资本市场的低迷期间找到出路。因此,P2P 贷款于 2007 年正式进入中国,拍拍贷是国内第一家注册成立的 P2P 贷款公司,同期还有宜信、红岭创投等平台相继出现。但总体来看,2007～2010 年,我国社会融资的需求和导向还没有从资本市场中转移,大部分资金集团还寄希望于资本市场的再次转暖,尽管市场对于新形式的融资平台期望较高,但是从业者相对较少。

行业整合期:进入 2010 年后,随着利率市场化、银行脱媒以及民间借贷的火爆,P2P 贷款呈现出爆发性的态势,大量的 P2P 贷款平台在市场上涌现,各种劣质产品也大量地涌向市场。由于缺少必要的监管和法规约束,导致 2012 年多家 P2P 贷款公司接连发生恶性事件,给我国正常的金融秩序带来不利影响。市场也因此重新审视 P2P 贷款行业的发展,对行业的期待开始回归理性,各 P2P

贷款公司也开始组成行业联盟、资信平台,并积极向央行靠拢,寻求信用数据对接,市场开始呼唤法律法规的监管。

泡沫化低谷期:随着市场的理性回归,市场上不正规的 P2P 企业将被淘汰,企业数量增速放缓,幸存下来的优质 P2P 贷款公司将具有更多话语权。艾瑞预计,未来两年内将会有关于 P2P 贷款的法律法规出台,P2P 贷款行业进入牌照经济时代。

正规运作期:我国的个人及中小企业征信系统将因 P2P 贷款信息的补充而进一步完善,同时 P2P 贷款的本土化进程基本完成,整体市场将形成三足鼎立的局面:首先是更多国有金融机构将会以子公司或入股已有 P2P 公司的方式参与 P2P 市场竞争;其次是资历较深的正规 P2P 贷款公司,经过行业整合后实力将进一步加强;最后是地区性、局部性以及针对特定行业的小规模 P2P 贷款平台。

第叁章

上海网络信贷服务重点领域

3.1 P2P 网贷平台

3.1.1 P2P 网贷的定义

P2P 即 Peer to Peer,原指对等网络也称为对等连接,是一种互联网通信模式。P2P 网络借贷英文为"peer to peer lending",这种借贷的特点是通过互联网"点对点"的方式完成,即这种模式由第三方网站作为中介平台,借款人在平台发布借款需求,投资者通过投标的方式给予借款人贷款,中介平台一次性收取交易服务费或者分期收取账户管理费。

P2P 网贷模式最早的雏形,是由英国人理查德·杜瓦、詹姆斯·亚历山大、萨拉·马休斯和大卫·尼克尔森 4 个年轻人共同创建的。2005 年 3 月,他们创办的全球第一家 P2P 网贷平台 Zopa 在伦敦上线运营。

在 P2P 的原始定义中已经包含了网络的元素,所以把 P2P 理解为"个人对个人的借贷"、"民间借贷的网络版"、"互联网银行"、"人人贷"等都不准确。

理想化的 P2P 借贷行为是指在整个借贷过程中,借款人各项资料收集与采集、贷款审核、资金支付、手续费收取、贷后管理等全部交易流程都通过互联网完成。并且 P2P 网络信贷公司应是纯平台，不介入交易过程中，P2P 公司自有资金应与用户资金严格区分，作为债权债务方之外的第三方，P2P 公司应恪守中介本质，做到不吸储、不放贷。更严格地说，P2P 公司的高管也不得利用个人账户在借款人和投资者之间做资金池和居间交易。

P2P 网络借贷平台的服务对象主要有两类：一类是资金的需求方，一般是个人，也有企业，尤其在中国市场，P2P 的资金需求方多为小微企业；另一类是资金的提供方，由于 P2P 网络借贷的交易在线上完成，因此平台本身的服务成本较低，这也使得 P2P 网贷的投资门槛较低，目前上海的 P2P 网贷平台起投点多为 50 元。

随着互联网技术的快速发展和普及，P2P 借贷逐渐由单一的线下模式，转变为线下线上并行，随之产生的就是 P2P 网络借贷平台。这使更多人群享受到了 P2P 小额信贷服务。

因为 P2P 公司主要为小微企业做融资服务，目前在国内和国外都有 P2B（peer to business）、P2C（peer to company）等说法，鉴于 peer 在英文中的原意是"平辈"，peer to peer 是"对等"、"点对点"约定俗称的说法，P2B、P2C 只是 P2P 服务对象的改变，并未改变 P2P 模式及流程，故 P2B、P2C 应包含在 P2P 网贷范畴之内。

目前 P2P 公司获得的主要资质为金融信息服务，这一资质此前主要为大智慧、万德资讯等公司获得。金融信息服务产业是金融产品交易平台、分析平台和投资理财渠道，其存在的意义在于给用户提供最专业与即时的金融资讯，帮助其在金融活动中创造更高的价值。简单来说，其区别在于金融服务可以使机构参与到交易中获得高收益，而金融信息服务只能收取手续费。

上海的拍拍贷、诺诺镑客是首批经上海市工商局特批获得金融信息服务资质的 P2P 公司，其后畅贷网、你我贷、新新贷、信而富、证大财富、点融网等上海知名 P2P 公司也获得这一资质。上海工商局对 P2P 公司的金融创新较为宽容，据统计，截至 2014 年 6 月，在上海获得金融信息服务资质，且主要从事 P2P 信贷业务的公司超过 80 家。按照金融信息服务资质的要求，P2P 公司主要为借贷两端客户提供信息服务，通过互联网的方式为双方完成交易，并不介入交易中。

3.1.2　P2P网贷的运作流程

以上海新新贷为例,当借款人通过网络找到新新贷,寻求贷款的服务,客户将向新新贷提供个人基本信息,小微企业提供经营信息。新新贷审核通过后,将与客户预约时间,通过风险控制服务人员上门向客户提供融资解决方案,并收集借款人更多的信息(如图3.1所示),其中包括身份证、户口本、人民银行个人征信报告等。信贷信息服务人员将收集到的材料提交给风险控制部,通过审核后,给予适合的额度及利率,借款人在信贷信息服务人员的指导下在新新贷开设借款人账户,通过互联网发布借款需求。投资者通过第三方支付,以网络投标的方式,在新新贷平台上向借款人提供资金,满标后,借款人获得贷款,并以满标当日为计息日。借款人的还款方式一般为等额本息,投资者收取利息,新新贷按月收取账户管理费,并做好各种贷后管理工作。

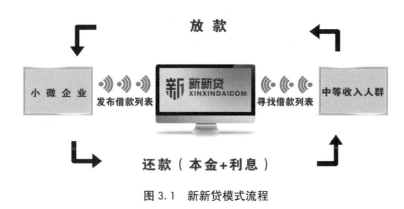

图3.1　新新贷模式流程

3.1.3　P2P网贷热潮的时代背景

3.1.3.1　尤努斯与穷人银行

国内曾经有一种说法认为,2006年获得诺贝尔和平奖的孟加拉国穷人银行家穆罕默德·尤努斯是P2P的创始人,这种说法是严重错误的。尤努斯在国际上被誉为"小额信贷之父",但是其开创的格莱珉银行还是银行的模式,并非P2P这种通过互联网直接融资的新模式。

1976年,尤努斯走访孟加拉国乡村中一些最贫困的家庭,他向农民们推广改良的大米种植技术,在干旱季节组建农民合作社修建水利设施。但不久后,他意识到,这并不能帮助真正穷困的底层阶级——那些没房没产、生活在农村里的穷人,尤努斯发现,真正造成穷人始终处于贫困线之下的不是因为穷人懒或者缺乏技术,而是因为缺少金融的支持,无法获得资本用于生产。尤努斯当时做了一个实验,给42名当地农村妇女总共27美元的贷款,让她们完成一次生产的过程,即使算上40年的通货膨胀,在当时27美元就能帮助42个穷人经营周转也是不可思议的事。

此后,尤努斯专注于向穷人们提供小额贷款,并不断游说孟加拉国中央银行和商业银行采纳他的实验。1979年,孟加拉国央行终于答应开展这个名为"格莱珉"的项目。一开始由7家国有银行支行在1个省份进行试运作,1981年则增加到5个省份。到1983年止,格拉珉银行86个支行使5.9万名客户摆脱了贫困。随后,尤努斯决定辞去学术工作,全身心投入这项对抗贫穷的事业中去。1983年,格莱珉银行成立为独立法人机构,以更快的速度发展壮大。

如今,"格莱珉银行"已成为孟加拉国最大的农村银行,这家银行有着650万的借款者,为7万多个村庄提供信贷服务。格莱珉银行的偿债率高达98%,足以让任何商业银行感到嫉妒。而且,每一位借贷者都拥有这家银行一份不可转让的股份,占据这家银行92%的股份(余额由政府持有),这是一家为穷人服务的银行,也是穷人自己的银行。"尤努斯取得的成就真是卓越非凡。"联合国教科文组织的布鲁罗·拉菲亚在对格莱珉银行进行调研后评价道。

2006年,创建了穷人银行模式的尤努斯,获得了诺贝尔和平奖。

3.1.3.2 小贷公司与村镇银行

尤努斯获得诺贝尔和平奖之后,在中国国内引起了轩然大波。时任国务院总理温家宝亲自接见尤努斯,并邀请尤努斯为中国的小额信贷事业发展出谋划策。此后,为缓解我国小额信贷领域的不足,小额贷款公司与村镇银行的发展获得了更多支持,中国小额信贷事业取得长足进步。

从2007年起至今,小额贷款公司、村镇银行成为国内服务小额信贷的主力军。但是这两种金融形态并没有真正服务好小微企业和小额信贷。

小额贷款公司的缺陷有:(1)小额贷款公司的放贷规模不超过自身注册资本金的1.5倍(目前个别小贷公司已经放宽到2倍),小额贷款公司从银行获得授信难;(2)小额贷款公司无法完成资产证券化(2013年阿里与东方证券合作发行资产支持证券是例外);(3)小额贷款公司虽名为小额贷款,但是大部分客户单笔借款达千万以上,客户定位与银行重合度高;(4)小额贷款公司的产品和服务往往基于熟人社会运作,并未真正实现产品市场化和标准化,这一现象在三线四线城市的小额贷款公司尤为明显;(5)赋税过重,小额贷款公司需缴纳5%的营业税和25%的所得税,在开业的前期也无任何的减免和优惠,对冲了小额贷款公司的盈利能力,也使得小额贷款公司面对借款人时只能尽量选择高利率,影响了对"三农"和中小企业的支持效果;(6)人才瓶颈,小额公司由于薪酬待遇不高,无法吸引高质量人才,故管理水平、风险控制的提升也受到制约。

村镇银行的缺陷有:(1)农村特殊的信贷环境,我国农村的产业、消费环境还处于发展初期,金融资源投放回报效率较低,在短期内村镇银行难以从农村市场获得回报;(2)村镇银行亦有"做大做强"的心态,极少有村镇银行真正服务小微企业,虽然村镇银行的主发起银行有各大中型银行,但是其中绝大多数设立村镇银行的目的是跑马圈地;(3)缺乏社会认同,目前村镇银行较缺乏社会认同感,这也说明了村镇银行的受众人群覆盖面不够;(4)吸储难度大,银行业有句口头禅,叫存款兴行,指的是银行的负债业务才是主要业务,但是村镇银行吸储难度较大,也制约了其发展。村镇银行遭遇的发展瓶颈还有其他问题,如支付结算渠道不畅、无法加入人民银行征信系统、收存贷比限制、贷款规模受到严格控制、依赖财政补贴、缺乏优秀金融人才等。

3.1.3.3 金融风暴的影响

事实上,中国 P2P 网络信贷快速发展的直接原因就是,2008 年金融风暴造成的社会投融资需求的严重压抑。

在融资端,据一份政府公开资料显示,我国中小企业有 4 800 万家,为我国GDP 作出的贡献接近 60%,但是其中只有 5% 左右可以从银行或者信用社获得融资。我国小微企业融资难首要原因就是利率管制,在风险较低的大中型企业贷款客户上,商业银行投入最少的成本精力,就可以获得非常可观的存贷利差。自金融风暴以来,我国中小企业的生存环境尤为困难。据国家发改委中小企业司的统计,金融风暴来袭时,仅 2008 年上半年,全国就有 6.7 万家中小企业停业倒闭。虽然 2009 年以来,银监会一再强调,银行要服务实体经济和小微企业,国务院副总理马凯在多个场合也强调,要提高小微企业不良贷款容忍度,但是除民生银行外,鲜有以小微企业贷款为主要市场定位的商业银行。这使得小微企业在国内的境遇雪上加霜。

同时,2008年以后,股票等资本市场的投资风险加剧,商业银行个人理财业务虽然在扩大,但是远不能满足市场需求;另一方面民间借贷盛极一时,温州、鄂尔多斯等地相继发生了严重的民间金融风险事件。一边是30万亿元的民间投资需求,一边是4 000万元以上的小微企业得不到融资的服务,基于这样的时代背景,嫁接两端的P2P借贷有着庞大的市场,并在中国呈爆发式增长。

3.1.4 国内P2P网贷发展历程

3.1.4.1 P2P网贷在中国

关于谁是国内第一家P2P有两种说法,一种认为是2006年成立的宜信,另一种认为是2007年成立的拍拍贷。宜信成立的时间早于拍拍贷,但是2006的宜信尚未开展P2P贷款业务(宜信沿用至今的个人债权转让业务,本质上也非P2P),故一般认为2007年6月在上海成立的拍拍贷是国内第一家P2P网络借贷平台。

拍拍贷的问世也颇受尤努斯教授"穷人银行"的影响,当时拍拍贷的创始人张俊、顾少丰等人得知尤努斯的事迹,决心用互联网的手段尝试在中国实现给穷人贷款的任务,刚成立的拍拍贷尝试用熟人之间的社交网络为信用根基,完成贷款,但是并未获得成功,其后拍拍贷尝试过线下调研模式,但是因为缺乏民间借贷的经验,尝试也以失败告终。

拍拍贷真正崛起是在2009年,当时的拍拍贷面临一系列的困境,但是创始人之一的张俊倡导采用P2P的收费模式,即每笔交易完成后收取一定比例的手续费,目前这一比例为借款期限6个月以内,拍拍贷收取交易本金的2%作为服务费,超过6个月收取交易本金的4%作为服务费,这一模式也被拍拍贷沿用至今。同年,拍拍贷的P2P网络借贷模式被媒体热捧,中国人民银行总部也向拍拍贷发出红头文件,要求调研。经过在上海的调研,当时中国人民银行对拍拍贷这种P2P模式的评价是,P2P可能是民间借贷阳光化的途径。

这种模式的主要特点是:(1)债权一对多。借款人和投资者完成交易时,有一个借款人,往往有多位投资人,如拍拍贷,一位借款人的债权最多时可以对应

800多名投资人。(2)单笔借款金额小。P2P贷款的金额一般为几千元到几十万元不等,超过百万元贷款的平台并不多见。(3)贷款速度快,借款流程简便。银行等传统金融机构的贷款的放款周期一般会在一个月左右时间,而P2P等贷款速度一般在3个工作日。(4)利率远高于银行。银行一年期基准利率为3%,商业银行可自行将利率上浮10%以内,工商银行等国有大银行的一年期存款利率为3.25%,其他股份制银行和中小型银行为3.3%,2013年起掀起互联网金融巨浪的余额宝年化收益最高时,7日年化达到6.7%,长期收益约维持在4%~5%,而P2P贷款项目的利率基本在15%~25%的区间(法律上借款利息超过同期银行基准利率的4倍,超出的利息部分不受法律保护,所以利率超过银行同期基准利率4倍,即被视为高利贷。目前银行贷款基准利率约6.7%,P2P公司为了合规,一般借款人利率不超过25%,即民间借贷月息2分左右)。(5)与第三方支付合作。目前P2P公司自身不具备支付功能,用户充值、提现的过程需要通过第三方支付公司完成。

基于上述特点,P2P既能服务小微企业用户,为他们完成融资,又能给予出借人远高于银行回报的收益,在投融资两端都符合市场需求,在中国已具有普惠金融的价值和意义。

监管层的鼓励,媒体的宣传,加之国内投融资渠道的严重匮乏,让P2P公司如雨后春笋般遍布全国,尤其大多数P2P平台动辄20%左右的年化收益,以及极低的投资门槛,吸引了大量投资者的青睐。不过,因为国内个人征信体系建设不完善,加之投资者风险偏好问题,对风险理解存在误区,所以P2P借贷模式在中国存在各种变异现象。

首先是出现了投资者"本金保障"。拍拍贷的P2P模式从西方引进,保留了较原始的P2P借贷交易行为,但因为是纯线上,无担保,纯粹靠用户的信用贷款,因此其风险控制的能力并不能让所有投资者都接受。2009年,深圳的红岭创投上线,并在国内开创投资者"本金保障"的先河,早期成立了"可信担保"公司为平台提供担保。后期同时采用风险备付金方式,即每笔交易征收一定比例的风险准备金,为投资人提供双重保证。目前这一方式被国内包括人人贷、新新贷、你我贷等主流平台沿用,且风险准备金已交由商业银行托管。

其次是大量线上P2P公司转向线下。此前提到P2P的本意是对等网络,在

P2P借贷交易中,也应该保留网络的含义。在国外,包括Zopa、Lending Club、Prosper等在内的P2P公司主要靠互联网进行网络借贷的交易,这是因为国外征信体系发达,商业机构获得个人征信评分的渠道较多。而在国内,中国人民银行的个人征信系统不对非银行机构开放,民间公司在获取和写入数据上都存在相当大的难度。P2P平台对借款人的约束力低,所以P2P公司逐渐把信贷端的业务转移到了线下,把P2P网络上陌生人之间不见面的借贷交易,变成了见面交易。除了借款一端,以宜信为代表的线下模式在投资一端也主要在线下进行,主要是以发售类似理财产品的方式获得资金,这种形式的产品是否存在债权期限错配,资金池等现象目前尚无定论,如果存在,则显然是违规行为。

另一部分P2P的组成是传统金融机构进入该领域。2011年9月,中国平安集团下属的上海陆家嘴国际金融资产交易市场股份有限公司(简称陆金所)宣布成立,这是国内首家有大型金融集团背景,并从事P2P信贷业务的公司。陆金所与其他P2P公司主要不同点在于:(1)陆金所平台上的借款人项目利率比同期银行贷款基准利率高40%,约8.4%~8.9%;(2)陆金所的平台上所有项目由平安旗下融资性担保公司担保。

除了陆金所之外,拥有国开行背景的江苏开鑫贷通过与小贷公司合作,也切入了P2P借贷模式。2013年招商银行小企业E家上线,这被认为是国内第一家以银行名义从事P2P业务的平台。上线一个月就完成交易1.2亿元(后据查证,其中部分项目为测试项目),其中单笔交易最高为5 000万元,最低为58万元,项目利率约6%~6.3%,项目期限在6个月左右。其特点是投资者无需通过第三方支付,可通过16家银行的借记卡直接转拨资金,解决了困扰P2P公司的资金安全性问题。小企业E家上线后,一度被监管叫停,原因是还款来源是银行承兑汇票,存在违规担保的可能。2014年春节后,小企业E家重新上线,投资起点为5万元人民币,利率升至7%以上。虽然招商银行并不承认这是P2P业务,但是其模式与P2P直接融资的特点极为接近,也因为P2P尚未被严格定性,故小企业E家究竟是不是P2P,目前尚无定论。招商银行之后,中国银行成立中银投融资服务平台和中银投融资俱乐部,主要为特定客户服务,也被认为是一种银行的P2P模式。

招商银行小企业E家的意义在于它不仅是国内第一家从事类P2P业务的

银行,也是世界上第一家从事类 P2P 业务的银行。国外银行对 P2P 的关注由来已久,但是都未尝试,这是因为国外的银行认为 P2P 并不能有效解决借贷过程中的成本问题,P2P 不能取代银行的功能。其次,国外的银行非常注重金融交易的第三方立场,例如美国估值最高的富国银行曾一度不允许员工在 P2P 公司贷款和投资,这并非因为富国银行意识到 P2P 的威胁,而是不希望因员工个人行为影响银行的第三方立场,同时担心员工因放贷出现道德风险。2014 年 3月,富国银行宣布禁令解除,员工可以在 P2P 平台放贷。国内的银行从事类 P2P业务,有可能是为了监管套利,绕开存贷比,在利率市场化完成之前布局中间业务,又或者是为了给私人银行的高净值人群提供增值服务。

2014 年 5 月,由陕西金融控股集团和国家开发银行陕西分行共同发起设立,经陕西省金融工作办公室批复,金开贷通过验收并正式上线。同月,中信集团旗下中信产业基金低调成立"中腾信金融信息服务(上海)有限公司",简称"中腾信",从事类 P2P 业务。

2014 年 6 月,深圳天源迪科、沃尔核材、海能达、兴森科技、科陆电子同时发布公告称,将与深圳市高新投创业投资有限公司(下称"高新投")、深圳大洋洲印务有限公司、深圳市元明科技发展有限公司、深圳市同创盈投资咨询有限公司、深圳市金桔创盈投资管理合伙企业一起签订协议书,设立深圳市鹏鼎创盈金融信息服务股份有限公司("鹏鼎创盈"),这家由 10 家公司共同投资设立的公司定位于 P2P 类的互联网金融服务。同月,房地产公司上市公司万好万家公告称,子公司浙江众联在线资产管理有限公司的互联网金融信息服务平台"黄河金融"正式上线运营,主要从事 P2P 业务。

2014 年 7 月,A 股上市公司熊猫烟花集团旗下的 P2P 平台银湖网正式上线。58 同城宣布与外资小额贷款公司亚洲联合财务有限公司达成战略合作,并有可能开展 P2P 业务。财经类门户网站中金在线也宣布将上线 P2P 业务。

截至 2014 年 6 月,仅上海一地,就有近百家各类 P2P 公司(线上线下公司皆有),可以看出,2014 年将成为巨头入场 P2P 的一年。

3.1.4.2 国内网贷平台风险事件

2011～2013 年是国内 P2P 网贷平台爆发期,据第三方网贷门户网站——网贷之家——统计,截至 2013 年底,国内网贷平台达到 1 000 多家(亦有说

2 000家),并以每天新开 1～2 家的速度递增。在这段期间也爆发了诸多风险事件,例如 2011 年专做学生市场的哈哈贷因经营不善倒闭。2012 年 6 月,上线才一周的淘金贷卷款跑路,暴露出 P2P 平台存在虚假借款人、内部借款人以及最严重的资金安全性问题。同年,天使计划、优易网也发生卷款跑路事件,其中优易网涉案金额高达 2 000 万元人民币,P2P 公司的资金托管问题越来越受到重视。

一些专家开始呼吁第三方资金托管,实现资金 P2P 平台资金清结算分离,即采用虚拟账户的方法,用户资金不经过 P2P 公司账户,进行风险隔离,即用户账户内资金清算的清算环节交由 P2P 公司,结算时的支付环节交由银行或第三方支付公司完成。从 2013 年下半年开始,上海的汇付天下、富友支付、北京的易宝支付、国付宝、新浪支付等先后开发出 P2P 公司清、结算分离的账户产品。但是这样的产品也存在漏洞,第三方支付公司并不具备资金托管资质,法律上能提供资金托管服务的仅有商业银行。支付公司受备付金的限制,用户或商户在第三方账户的沉淀资金必须在 30 天内回到银行系统中,这也是为什么支付宝推余额宝的一大原因。所以第三方支付公司能提供给 P2P 公司的仅仅是资金存管而非像基金公司一样的资金托管服务。另一方面,理论上 P2P 公司可以采用虚假借款人的方式,套取投资者的资金,资金存管方案亦存在漏洞。解决虚假借款人问题,P2P 需向第三方支付提交借款人信息,这对用户来说无法接受,对 P2P 公司会影响自身商业利益,要解决这些问题,须成立一家核实借款真实与否的登记结算中心,但是成本过于高昂。

资金安全问题的解决方案尚待完善,网贷行业各种风险事件和暴露出来的问题却不断产生。2013 年初,众贷网的倒闭再度引起轩然大波,一位开五金店的小伙子开了一家 P2P 公司,因完全不具备风险控制能力,且在模式上为募集资金放贷,公司本身承担风险,故上线 1 个月即宣告破产。众贷网的倒闭暴露出的是网贷行业准入门槛低,一些创业者不具备承担相应金融风险的能力。

2013 年 7 月开始,网贷行业出现了一系列的卷款跑路、倒闭、提现困难的风险事件。其中以开门 4 个月、交易量达 7.4 亿元的网赢天下事件最受人关注,2013 年 9～10 月,网贷公司倒闭潮接连发生,几乎以每天 1～2 家的速度在发生。据网贷之家统计,2013 年全年发生跑路、倒闭、提现困难的网贷公司达

74 家,截至 2014 年 3 月,这一数字更新至 85 家。

本书必须澄清的是,从 2013 年下半年起发生跑路倒闭事件的绝大部分网贷公司,其行为根本就不是 P2P 借贷。事实上,之所以发生这么多的风险事件,是各方面原因造成的,一方面是这些倒闭的公司并没有按照 P2P 的方式在经营公司,而是利用秒标吸引用户资金,利用拆标(平台自身承担流动性风险)的方式募集资金,许多平台根本没有真实的借款人,用的是假标(虚假借款人),募集的资金挪作他用,且这些平台的年化利率高达 60% 以上,甚至一些网贷公司存在开平台为自己企业融资的现象。这些现象的问题都在于网贷公司已经不是独立于借贷交易的第三方平台,而是严重介入到了交易中,拆标即是存在债权的期限错配,造成资金池、借款人和投资者的债权无法匹配对应。也即是说,一旦投资者需要提现,这些网贷公司自有资金或资金池必须为投资者承担流动性风险,其行为的实质已经不是 P2P 平台,而是类银行机构。这些违规行为让风险在短时间内集聚,这些公司本身的资本实力又远不足以消化风险,所以造成了大面积的倒闭现象。在 2013 年的倒闭潮中,还发现许多资金关联性网贷公司,一家出现挤兑事件,其他同样存在问题只是尚未爆发的公司进行资金拆借,最后导致因为风险递延,同时一批投资者因担心自己投资的平台出问题而提现,那些风险潜伏的网贷平台也被连根拔起,最终形成多米诺骨牌式的崩盘现象。

另一方面,一些投资者为了获得高收益,以类似团购的行为进行投资者组团,由团长去跟网贷公司谈判,约定可以获得高于其他普通投资者的收益。这种网贷团募集的资金类似一个迷你基金,往往有过千万的资金量,对一些新成立的网贷公司有非常大的吸引力。例如一些网贷团团长要求网贷公司给予网贷团每月 4 分、年 48% 的回报,另要支付网贷团长 0.5% 的服务费。其行为实质是网贷团的团长罔顾社会责任和道义,与网贷公司私相授受,约定高利率回报,实质已经涉嫌集资诈骗,或者是庞氏骗局。这样的行为已经背离了基本的金融原理和逻辑,并不是目前的主流 P2P 公司的做法。甚至于说这些自融倒闭的公司其实是借着 P2P 金融创新的旗号行诈骗之实,他们所谓的"P2P"是"指鹿为马"的行为,与 P2P 提倡的平台本质大相径庭,两者不可同日而语。类似这样的行为,目前国内市场上主流的 P2P 借贷公司怕踩到法律红线,因此不敢为,这种经营方法无异于饮鸩止渴、杀鸡取卵，主流的 P2P 公司也不屑为。

如果要再深入挖掘这些爆发风险事件的公司，存在与业内主流 P2P 公司明显的差别。(1)业内主流 P2P 公司成立时间一般较长，至少在一年以上，但是爆发风险事件的公司往往是刚成立不久，最长的也就几个月时间。(2)业内主流 P2P 公司在媒体、专家心目中有一定的知名度，爆发风险的网贷公司在此之前都是寂寂无闻。(3)业内主流 P2P 公司一般在北京、上海、深圳等一线城市发展，这些城市金融较发达，但是爆发风险事件的公司往往集中在二线、三线城市，这些城市的金融发展相对滞后，金融人才也较稀缺。(4)主流 P2P 公司的创始人一般都有资深互联网或金融从业经验，但是爆发风险的公司的主要经营者往往既没有互联网从业经验，也没有金融从业经验。(5)业内主要 P2P 公司注重风控，把风控视作核心竞争力，并积极提升技术配置，爆发风险的公司没有明确的风控体系和技术运营，网站的模版可能都是错漏百出的"山寨货"。(6)在利率上，主流的 P2P 公司单笔交易的利率在 8%～25% 之间，符合"不超过银行同期贷款基准利率 4 倍"的要求，但是爆发风险的公司都是以年化 50% 以上的利率做诱饵。(7)以上海的 P2P 公司为例，成立第一年交易量一般都在 1 亿元左右，如新新贷首年交易量约 1.5 亿元、点融网约 7 000 万元。如果一家网贷公司并不具备特殊背景，而能在短短几个月内完成其他公司几年的交易量，其中就可能存在问题。

2014 年初，P2P 又发生了一件"惊天奇案"，一家名为中欧温顿基金的公司跑路了，卷款 4 亿元，2 000 多名客户遭到损失。

之所以称其"惊天"，因为如果这 4 亿元是在公司账户的沉淀资金，那么国内并没有几家 P2P 公司能有这样的规模。根据网贷之家统计，目前国内行业排名前 20 的 P2P 公司沉淀资金大多只有几千万元，能超过 1 亿元的只有宜信、陆金所、人人贷等极少数公司。此前虽然也出现在类似恶性事件，但是涉案多为百万、千万级的。如果说此前发生过的风险事件事后还能追本溯源，找到秒标、拆标、自融、假标等蛛丝马迹，这一次的中欧温顿，外界根本不知其业务如何操作，事先也没有传出任何风声，是看不见的敌人。其实，真正的 P2P 公司很难在几年之内做到这样的沉淀资金量，如果出现这样的涉案金额，资金一定没有流向真实的借款人，只是在其内部流转，存在虚假借款人、甚至庞氏骗局的可能，而这绝非 P2P 的经营方式。

2014 年 4 月，深圳旺旺贷跑路，因这家平台曾经在百度上做过推广，并获得"大 V"认证，故百度也陷入了风口浪尖。5 月，百度宣布所有 P2P 公司不得在百度进行推广，如需在百度做推广的 P2P 公司必须满足以下四个条件之一：一是企业必须是中国支付清算协会互联网金融专业委员会成员，二是必须具备一定的国资背景，三是与第三方支付平台签署资金托管协议，四是 P2P 企业的母公司是上市公司或是世界五百强。6 月，经过上海市信息服务业行业协会金融信息服务专业委员会的沟通，协会部分会员单位重新获得在百度上进行推广的资格。

P2P 平台的风险已有多种，有些风险已经爆发，有些风险还在潜伏。具体来说有：(1)道德风险。主要指存心诈骗卷款跑路的，例如 2012 年的淘金贷、天使计划、优易网，2013 年的福翔创投，2014 年涉案 4 亿元的中欧温顿等，其实这些公司实质已经不是在经营 P2P 业务，只是打着 P2P 的名义行诈骗之实。(2)模式风险。主要指存在拆标、自融、资金池、违规担保等问题。例如 2013 年的网赢天下等，短时间内把风险聚集到平台上，造成流动性压力被挤兑。(3)投资杠杆风险。一些网贷平台为了吸引人气、增加交易量，允许投资者用应收账款做资产抵押，发布借款需求(业内称为净值标)并允许反复借款，短时间内投资者的投资杠杆可以放大 10 倍以上。个别平台借款人只有 1 000 多人，但是交易量达到几十亿元，这种情况要么是单个借款人负债过高，要么是投资者杠杆过大，一旦某一个环节出现风险，就会产生连锁反应，甚至平台交易泡沫会破灭，造成非常大的风险。目前这样的风险还只是在潜伏中，但绝不容忽视。(4)抵押风险。P2P 投资者对风险的理解其实并不透彻，往往一厢情愿地以为有抵押就一定无风险。事实上随着经济周期的变化，不同固定资产在风险上会有变化，例如近期全国房价已经明显呈现下滑之势，以房产为抵押的借款出现风险事件的可能性非常高，以抵押业务为主的平台一旦遇到经济周期变化，风险或将成倍扩大。(5)经营方式风险。最具争议的就是加盟商式 P2P。P2P 不同于消费类的连锁店，加盟商的专业能力、金融基础如果达不到要求，对金融的风险没有基本的认知，一旦加盟商理念与平台发生背离，风险也会增加；另一种经营风险是资金的流向是直接或者间接投向地方债务平台，如有些 P2P 公司单笔交易资金达到 1 亿元,已经远远高出小额信贷单笔交易不超过当地人均GDP5 倍的标准,再者,这样的资金投向会让投资者成为经济周期变化的埋单者。(6)周边风险。周边风险主要指风险投资带来的风险以及媒体舆论带来的风险。风险投资是把双刃剑,可以在短时间内把平台做大做强,拉开与同行的差距,这是互联网烧钱的玩法。金融与互联网不同,金融公司对盈利性要求非常高,如果无法盈利,金融公司本身会酿成风险,但是对互联网公司来说,只要有流量和足够的用户基数,资金问题自然有风险投资跟进。P2P 公司兼具互联网和金融的特点,是否适合风险投资介入,目前无法判断,因此风险投资如果盲目进入也会对这个行业带来风险。舆论风险主要是指媒体把真伪 P2P 混为一谈,出现风险事件,对整个行业进行批判连累了行业中规范发展的公司。事实上,那些债权关系不明晰,资金去向不明确的公司根本不是 P2P,学术、媒体、投资者都应当对这些公司有一定的鉴别能力。

3.1.4.3　P2P 网贷与风险投资

虽然 P2P 行业饱受争议,但它又是资本追逐的热点,从 2012 年至今,多家P2P 公司先后获得融资。2012 年 10 月,国内第一家纯线上 P2P 网贷公司拍拍贷获得红杉资本 2 500 万美元风险投资,后经拍拍贷证实,领投方确为红杉资本,但是 2 500 万美元的融资金额系误传。2012 年底,北京的人人贷、上海的新新贷、深圳的团贷网等先后传出与风险投资接洽并获得融资的新闻。

2013 年下半年,P2P 更是成为风险投资的宠儿,2013 年刚成立的上海点融网获得北极光千万美元级风险投资,北京的有利网获得软银中国 1 000 万美元风险投资,紧接着北京的爱投资获得 6 000 万元人民币风险投资。2014 年 1月,人人贷获得 1.3 亿美元风险投资,领投方为挚信资本,这一融资额超过此前美国 Lending Club 的 1.25 亿美元的融资,是世界上 P2P 公司获得的最大一笔融资,也是国内互联网公司获得最高的一笔 A 轮融资。2014 年初,上海网络信贷服务企业联盟旗下会员积木盒子获得千万美元级风险投资,北京的京贷网获得风险投资,还有传言称分众传媒董事长江南春考察深圳的人人聚财后,欲以 2亿元人民币入股,后经证实传言与事实有较大出入。2014 年 6 月,又有 5 家P2P 公司宣布获得融资。同期,包括上海新新贷在内的多家 P2P 公司在与风险投资基金接触。

表 3.1　　　　　　　　获得融资的 P2P 公司一览表(截至 2014 年 6 月)

公司名	成立时间	所在城市	投资方	进程	金额	融资时间
拍拍贷	2007	上海	光速安振 红杉资本 诺亚财富	B 轮	5 000 万美元	2013 年 12 月
宜信	2006	北京	IDG	C 轮	6 500 万美元	2012 年 10 月
人人贷	2010	北京	挚信资本	A 轮	1.3 亿美元	2014 年 1 月
点融网	2013	上海	北极光	A 轮	1 000 万美元	2013 年 8 月
积木盒子	2013	北京	银泰资本	A 轮	1 000 万美元	2014 年 2 月
有利网	2013	北京	晨兴资本	B 轮	5 000 万美元	2014 年 6 月
爱投资	2013	北京	中援应急	A 轮	1 000 万美元	2014 年 1 月
京贷网	2009	北京	浚源资本	A 轮	1 000 万美元	2014 年 3 月
365 金融	2012	广州	瑞银华信	A 轮	1 500 万美元	2014 年 5 月
易贷网	2009	成都	软银中国	A 轮	1 000 万美元	2014 年 5 月
投哪网	2012	深圳	广发证券	注资	1 亿元人民币	2014 年 6 月
理财范	2014	北京	林广茂	A 轮	1 000 万美元	2014 年 6 月
拾财贷	2014	厦门	若水合投	A 轮	1.5 亿元人民币	2014 年 6 月

关于风险投资频频青睐 P2P 网贷,目前有两种争论:一是 P2P 网贷已经进入跑马圈地的时代,未来的趋势是赢家通吃,具体监管办法也会在 1～2 年内落地,现在快速成长的公司能率先制定行业规则,获得监管层的认可,故 P2P 公司需要在这一时期获得融资,并快速扩张。对风险投资来说,互联网金融的爆发也意味着会出现一批优秀的互联网金融企业,而 P2P 公司中不乏优秀的创业公司,许多一线的风险投资公司并不害怕投资失败,而是害怕自己不敢投资 P2P,因而失去互联网金融的机遇。另一种观点是,P2P 并非传统的互联网企业,因为各自面对的市场不同,无论是信贷端还是投资端,都难以制定标准化的产品;且目前现在国内平台以小微企业经营贷款为主,中国地域辽阔,各地产业结构不同,差异非常大,相应的风控手段亦须因地制宜,不能一概而论。所以 P2P 公司利用风险投资在短时间内把交易量做大,必然导致未来各平台风控能力的调整跟不上交易量的急速上升,酿成新的平台性风险。

　　其实 P2P 网贷公司面临巨大的生存压力,风险控制、技术、营销都需要花费大量的人力物力,多数 P2P 公司并没有实现盈利,或者仅仅是盈亏平衡。为了吸引网站投资者(出借人),P2P 公司往往急切寻找风险投资资金跟进,甚至许多成立不足一年的平台,连财务报表都无法提供就开始引进风险投资。P2P 公司的盈利点是中介费和服务费,交易量是业绩考量的唯一指标。所以有 P2P 公司对外夸大风险投资的融资金额,风险投资是有条件、分阶段意向投资,起始金额不会过高,但在宣传中往往被放大。如果 P2P 平台成功获得融资,又是否应披露真实信息,例如财务信息等。目前,风险投资机构对 P2P 公司的估值方式还是建立互联网公司的基础上,例如注册用户数和流量,其实以 P2P 公司的服务模式来看,主要利润来源来自于各种小微企业,所以真正的 P2P 公司应着眼于服务小微企业,而不是吸引大量线上的注册用户。风险投资对 P2P 公司的估值方式应有所调整。

3.1.4.4 国内 P2P 网贷模式

P2P 模式进入中国已经有 7 个年头了,因为中国特殊的信用环境,为了符合市场需求,P2P 借贷交易在中国有了较大的变化。按照网络运营方式开划分,分为纯线上、线上线下结合、线下模式;按照本金保障方式划分,分为无担保、有担保模式;按照区域经营方式划分,分为直营模式和加盟商模式。

1. 早期阶段:纯线上经营方式

自从世界上第一家 P2P 借贷平台 Zopa 诞生以来,国外的 P2P 公司几乎清一色地采用纯线上模式,根据英国媒体披露,英国 90% 以上的平台采用线上模式完成交易。线上模式的特点是,交易灵活方便、交易成本低廉、平台本身运营成本低。例如英国的 Zopa,全公司仅有 70 人,与国内动辄千人规模以上的 P2P 公司相比,在成本上具有极大的优势。

目前国内纯线上 P2P 公司中,2007 年成立的拍拍贷是唯一的代表。拍拍贷的特点是,借款人可自行在网站平台上发布借款需求,不需要线下人工寻找借款人,也避免了线下"飞单"的现象。拍拍贷坚持纯线上模式,最主要原因是创始团队有较强的技术背景,能够运用技术能力解决一部分信贷风险把控问题。因为是纯线上模式,交易成本低廉,也能让拍拍贷服务更小微的群体,目前拍拍贷平台上平均单笔交易为 11 000 元,其中个人部分平均单笔贷款为 8 800元,仅次于阿里小贷的平均单笔 7 700 元。

2. 中期阶段:线上线下结合方式

目前国内大多数 P2P 平台还是采用线上线下相结合的运营模式。简单来说,就是在线下寻找借款人,并进行实地的审核,之后客户自己或者在平台工作人员协助下,登录 P2P 平台网站上发布借款需求,投资者通过投标的方式,按照不同的金额向借款人出借资金。

例如上海新新贷就采用这样的模式,客户在通过信贷信息服务人员和风险控制人员的审核以后,在网站上发布借款需求,额度一般在 5 万元～30 万元之间。新新贷的客服人员每日上午公布当天有意向发布借款需求的借款人,投资者在当天预告的时段等待网站发布投资标的,单笔投资起点为 50 元。满标后,借款人获得资金,新新贷提供各项贷后管理服务。自 2012 年上线至今,新新贷累计服务借款人近一万,其中 90% 以上是小微企业及个体工商户,平均单笔借款金额为 14 万元,2013 年全年成交量突破 8 亿元。

线上线下结合的模式也是目前国内 P2P 较为主流的模式,原因是经过几年的市场培育,投资者已经习惯在网上进行充值、投标、提现的流程。但是国内征信体系不完善,P2P 服务的人群定位也还不具备在网络上寻找贷款的意识。

3. 中期阶段:线下经营方式

线下 P2P 模式几乎等同于债权转让模式,P2P 公司的工作人员寻找到借款人,通过审核后,先由创始人或者高管的个人账户把资金出借给借款人,建立债权后,再把债权拆分,以类似理财产品的方式转让给有投资需求的出借人。

债权转让模式存在各种争议。其一,债权转让来自民间借贷,而非来自互联网,究其本质已经不是 P2P 直接融资的模式,可以被理解为资产证券化;其二,债权转让的拆分过程中,容易出现期限错配和资金池的现象,在合规性上存在较大争议;一旦发生投资者大规模提现,有可能爆发平台流动性风险;其三,借款人和投资者之间的债权难以直接对应,一旦借款人违约,难以证明投资者和借款人之间的债权关系。

根据艾瑞咨询发布的数据显示,国内最早经营债权转让方式的宜信公司 2012 年度的交易量为 100 亿元,2013 年的交易量为 300 亿元,目前宜信在全国各分支网点的员工总数超过 30 000 人,人员规模已接近中等规模的银行。目前一些规模较大的第三方理财公司亦通过类似债权转让的方式从事 P2P 业务。

4. 有担保模式

平安集团旗下的陆金所采用的是担保模式,即如果陆金所的借款人或项目发生违约,逾期 80 天之后,由平安旗下的平安融资担保(天津)有限公司为投资者提供本息保障。陆金所能采用担保的模式主要源于平安集团雄厚的金融背景。以集团本身实力作担保,这一担保模式也可以理解为是融资担保的互联网化。由于融资担保公司只能担保自身净资产 10 倍的业务,所以当陆金所的交易量在发展过程中,平安也必须向旗下的融资担保公司增资。

虽然提供本息担保的服务,但是对陆金所的借款人来说,担保金费率较高,陆金所收取借款人每月 1% 的担保费率,目前下调至 0.8%,预计 2014 年内降低至 0.6%。目前陆金所的借款人中有 70% 左右来自二三线城市的,这些借款人中又有 60%～70% 来自民营经济发达地区,例如东莞、泉州、台州、无锡等。

2014 年陆金所在多个场合公开表示,将逐渐去担保,取而代之的将是对每一个借款人或者项目进行专业的评级。

5. 无担保模式

自从深圳红岭创投使用担保以来,国内的 P2P 公司大多采用了相同方式吸引投资者。拍拍贷或许是目前 P2P 业内无担保模式的唯一代表。在一些专家眼中,P2P 的本质是一种信息服务中介,属于互联网服务,风险应由投资者自己承担。一旦 P2P 平台采用担保的方式,那么信息中介就变成了风险中介,经营风险业务本质上属于金融机构的行为。有担保的 P2P 模式把风险集中在平台上,而无担保的模式更有利于分散风险,因而无担保模式也更被监管层认可。

但是 P2P 的投资者们对此则不以为然,他们认为,出于保护借款人个人信息,P2P 公司不公开借款人信息,无可厚非。但也因为不公开相应信息,投资者无法辨别其中的风险,投资存在盲目性。P2P 公司只负责收集信息,自建商业数据库,平台获得远多于投资者的信息,风险却要投资者承担,在逻辑上说不通。再者,如果 P2P 平台不承担一定的风险,激励方式不与投资者利益保持一致,只是把风险转嫁给投资者,那么理论上 P2P 公司也存在消极风控的道德风险,即为了交易量增长而损害投资者的利益。

6. 通道模式

P2P 在中国的发展历程中还存在一种新的模式,即 P2P 与小贷公司等合作,为小贷公司提供通道的服务模式。国内小贷公司受到注册资本金 1.5 倍杠杆的限制,放贷规模难以扩大,于是与 P2P 公司合作,就成为小贷公司的一种选择。在这种模式下,小贷公司向 P2P 公司提供借款人,由 P2P 公司平台向投资者提供债权,P2P公司收取资金通道服务费用,如借款人违约,小贷公司需承担违约风险,或者由第三方担保公司进行担保赔付。

有人把这类模式称为交易所模式,但是本书认为在这种合作模式下,P2P平台可以视为小贷公司资产证券化的平台,因此概括为通道模式更为准确,北京的有利网、深圳的人人聚财皆属于这种模式。

这类模式下,P2P公司本身不承担风险,提供的是交易的平台,但是这种模式亦存在几个缺陷:其一,如果借款人违约的风险由小贷公司承担,许多小贷公司并不具备担保的资质。其二,如果由第三方担保公司担保,如何收取担保费率存在疑问,不排除推高借款人融资成本的可能。其三,目前大量小贷公司准备进入 P2P 行业,这种模式是一种过渡模式,能否长期持续还有待验证,与小贷公司合作的模式并非长久之计,因为 P2P 公司自身很难积累资源,今天的合作伙伴也可能成为明天的竞争对手。其四,因为交易的过程参与的公司和环节比一般 P2P 公司多,交易成本高,这类模式是否拥有可持续盈利的能力,尚需时间验证。

7. 自营模式

目前国内一线 P2P 公司在不同城市都设有分支网点,有些以线下业务为主的公司甚至有上百家分支网点。这些公司中,有些是自主经营分支网点,有些是以加盟商的方式设置分支网点。自营模式为目前 P2P 公司主要采用,例如在一线二线城市以服务投资理财客户为主,而在三线四线城市服务借款用户。

尤其对一些三四线待发展的城市来说,为了促进经济发展,在引进商业银行存在诸多困难的时候,退而求其次,引进 P2P 公司在当地开设网点,服务小微企业,也是一种选择。目前国内 P2P 平台中,人人贷、信而富、证大财富、新新贷等都采用这种在全国设置分支网点,经营由总部指挥的自营模式。

8. 加盟商模式

与自营模式不同的是,加盟商模式的 P2P 公司的分支网点并不是 P2P 公司自身设置的网店,而是由当地加盟商向 P2P 公司支付加盟费,在当地开展业务,P2P 公司负责风险控制和最终的审批权,如果交易发生违约,加盟商需承担连带责任。完成交易后,加盟商与 P2P 公司进行分成的模式。

与自营模式需要消耗公司资源不同,加盟商模式可以在短时间内把业务拓展至全国,提高 P2P 公司的交易量,且加盟商来自当地,属于当地的信贷环境,能为 P2P 公司的业务发展提供有效支持。但是这种模式也存在隐患,即加盟商本身是否具有金融背景? 是否以利益为动力? P2P 公司又是否会以加盟费为主要收入来源? 这些疑问都成为这种模式的不稳定因素。

9. 大数据创新模式

与目前所知的绝大多数平台的 P2P 模式不同,拥有 10 亿名注册用户的脸书(facebook)早就开始尝试陌生人之间的网上借贷,而这正是 P2P 最原始的雏形。脸书拥有大数据和足够的用户黏性,通过分析用户的社交信息,可以给予用户授信,并通过类似 P2P 的方式,让社交网络上的资金需求方获得其他用户的资金支持。目前脸书与美国 Lending Club 合作,一起开发社交大数据信息在信贷交易上的运用。但是目前脸书的这一业务模式数据上不透明,外界所能了解到的情况仅停留在概念层面。

脸书的大数据模式也给国内的 P2P 公司提供了宝贵的参考价值,未来的 P2P 借贷交易,可能并不是开放式的交易,而是基于某一封闭平台的数据来支持交易过程。这样做的好处是授信审批的时间将大大缩短,科技手段可代替部分人力工作,在降低服务成本的同时,可以把单笔交易规模缩小。

3.1.5 国内 P2P 网贷平台发展趋势分析

3.1.5.1 P2P 发展对我国金融发展的意义

虽然 P2P 行业准入门槛低、无监管,也陆续暴露出诸多风险事件,但是其对中国金融的发展有着重要的意义。中国的金融是以银行为核心的,过去 10 年亦被称为银行的黄金十年,券商失去的十年。我国的银行业最早从苏联引进,招商银行前行长马蔚华先生说那时的银行只是国家财政支出的出纳,虽然经过几十年的发展,银行业已经逐渐市场化,但是国内金融资源依旧高度集中,地区分布不均衡,这也是导致各地发展不均衡、贫富差距较大的原因。由于我国的利率管制和金融垄断,造成大量金融需求不得不寻找民间市场,因此部分地区民间借贷盛行。

对国内 P2P 发展持悲观态度的人士认为金融创新是把双刃剑,例如在 20 世纪 80 年代,美国的金融机构把汽车贷款、商业抵押贷款和房屋贷款包装成资产支持证券,将利息和本金以交易的形式出售给投资者。这些金融机构无需吸收存款,因为贷款资产通过证券的方式可以流通化。也因此这类创新的金融机构不用像银行那样受到严格的监管。如果金融机构破产了,一般的纳税人不会受到损失,只有金融机构股东和购买债券的投资者会亏损,风险可以被分散出去,不会造成金融机构的风险。

于是,银行间接融资模式逐渐被收益更高的资产证券化方式所取代。在这一过程中,许多商业银行通过资产证券化的方式把贷款资产剥离出资产负债表,形成中间业务,并出售给广大投资者。美国商业银行这一创新方式在当时亦被监管机构认可和鼓励,因为银行并不拥有贷款,也就无需承担风险,银行承担的风险很小。但事实上,这些贷款所涉及的风险并没有消失,只是被转嫁到投资者身上了。因为投资者是不定向群体,数量众多,当风险发生时单个投资者甚至整个群体都无法规避,一旦风险积累到一定程度,则延伸到了更广泛的金融体系。正是由于这种抵押贷款的资产支持证券,日积月累后引发了1997年的全球金融风暴。

P2P的金融创新模式和当年美国抵押贷款的资产支持证券非常类似。首先是存在着监管漏洞,金融创新的价值被高估,风险揭示程度不够;其次,一些P2P网贷平台的借款人发布大量借款信息,募集资金用于投资房地产、股票、债券、期货等高风险领域;最后,一些平台的借款人以固定资产抵押的方式融资,与资产支持证券的方式极为接近,一旦固定资产遇到高估,经济周期变化,平台和投资者都将承受风险,最终引发经济衰退。

虽然目前P2P的总规模不足以影响国内金融秩序,但是这一提法显然切中了P2P公司的要害,P2P公司要长远发展,改善社会投融资效率低下的问题,除了资金安全性问题,还应该关注投资者资金去向问题,是否真的服务于小微经济。

不过从短期看,P2P网贷对推动国内金融发展有着积极的作用。

1. 有效抑制民间高利贷。一直以来,P2P被认为是网络版的高利贷,因为平均借款年化利率高于20%,其实国际上小额信贷的利率基本为20%左右,许多商业银行的类似贷款产品的综合融资成本也超过了20%。再者民间高利贷有"九出十三归"之说,即借款9万元,一年后还13万元,这一年利率已接近

50％,另有被称为"刀钱"的利滚利高利贷。对比民间高利贷,P2P确实有起到降低民间借贷利率的作用。且根据许多调研发现,当民间借贷的利率在月2分左右(年24％),确实能盘活某一地区的经济发展。

也有不少专家质疑P2P的利率接近20％,没有一个行业可以承受这样的融资成本。事实上,小微企业从P2P公司寻找融资并不是基于一整年的发展,而是用于某一特殊时期的经营周转。例如,上海新新贷曾经帮助广东汕头的一位电商人士刘先生获得30万元的贷款,当时刘先生遭遇台风袭击,损失较大,周转不便,如果不能及时补充资金将不能参加网购节。银行视其无固定资产不愿提供贷款,阿里小贷给予的额度不够。刘先生尝试了新新贷的P2P融资,虽然年化利率达到18％,但是帮助刘先生渡过了难关。网购节当天活动开始才2小时,刘先生的交易量就达到了800万元。从刘先生的案例也可以看出,因为小额贷款的特殊性,并不能用小微企业个体工商户的年利润率来衡量他们的还款能力。以刘先生为例,他的年利润率未必能达到18％,但是对电商企业来说,有淡季旺季之分,旺季需要的资金量大,利润率也高,这时就需要大量的资金支持,融资方也能负担高于银行的贷款成本。

2. 促进金融脱媒的发展。目前国际上金融发展的三大趋势是"跨国界金融监管"、"去杠杆化"和"金融资金脱媒"。P2P不同于传统的银行、券商的融资模式,而是一种投融资双方直接对接的交易过程,与银行存贷利差的模式有本质区别。在P2P的交易中,投资者可以了解自己的资金去向、使用情况和收益水平的变化,资金提供方和需求方能够获得较为对等的信息,且投资者对风险能作出一定程度的预判,在这种模式下,金融中介的地位被大大削弱,投资者和借款人都获得较大的议价空间和选择权,这符合金融脱媒的特点。不过,由于我国部分P2P公司存在担保、资金池的行为,又把P2P演变为金融中介,被认为没有真正脱媒,而只能称为金融换媒。

3. 加速利率市场化。我国利率市场化的脚步越来越快,2013年银行贷款的利率已经全面放开,但是整个银行业的利率化还需假以时日,2014年3月,中国人民银行行长周小川表示存款的利率市场化将可能在1～2年内实现。但是P2P网贷公司从诞生之初,就具备明显的利率市场化特征。如拍拍贷、人人贷、点融网等,在同一平台上,不同借款人因为信用评分不同、等级不同、贷款利率也不同。如新新贷、你我贷、诺诺镑客等,虽然在平台上借款人的贷款利率基本相同,但是出于市场竞争考虑,这些平台的利率亦随着市场淡旺季而变动。对 P2P 的投资者来说,因为在不同平台的收益截然不同,他们也会在风险、安全性、收益等各方面做出均衡考虑以后,选择自己愿意投资者的平台。这些都是 P2P 为金融机构的利率市场化发展提供的宝贵经验。

3.1.5.2　P2P 的监管争论

P2P 最饱受争议的地方就在于行业准入门槛低,没有监管。不过一直以来监管层对 P2P 行业都保持着高度重视。2009 年,央行就开始调研 P2P 公司,并鼓励这种金融创新的模式阳光化、规范化。2011 年,银监会办公厅下发《关于人人贷有关风险提示的通知》,其中列举了 P2P 公司存在的 7 种潜在风险:(1)影响宏观调控效果。在国家对房地产以及"两高一剩"行业调控政策趋紧的背景下,民间资金可能通过 P2P 平台流入限制性行业。(2)容易演变为非法金融机构。由于 P2P 无准入门槛、无监管,P2P 公司有可能突破资金不进账户的底线,演变为吸收存款、发放贷款的非法金融机构,甚至变成非法集资。(3)业务风险难以控制。P2P 主要交易在网络上进行,无法像银行一样通过中国人民银行个人征信系统获取借款人真实的信用情况。(4)不实宣传影响银行体系整体声誉。如一些银行仅仅为 P2P 公司提供开户服务,却被后者当作合作伙伴来宣传。(5)监管职责不清,法律性质不明。由于目前国内相关立法尚不完备,对其监管的职责界限不清,P2P 的性质也缺乏明确的法律、法规界定。(6)国外实践表明,这一模式信用风险偏高,贷款质量远远劣于普通银行业金融机构。(7)P2P公司开展房地产二次抵押业务同样存在风险隐患。近年来,房地产价格一直呈上涨态势,从而出现房地产价格高于抵押贷款价值的现象,一旦形势发生逆转,就可能对出借人利益造成巨大影响。P2P 公司为促成交易、获得中介费用,可能高估房产价格,严重影响抵押权的实现。值得一提的是,银监会的提示文件中所指的人人贷,为泛指的 P2P 行业,而非北京人人贷公司。

2012 年 12 月,上海网络信贷服务企业联盟成立,上海市副市长屠光绍亲自为联盟揭牌。这是国内首家在政府指导下设立的以 P2P 为主的行业自律联盟,对规范 P2P 行业的发展有着重要意义。

2013 年 7 月,重庆市金融办、重庆工商局、重庆公安局、央行重庆营管部、重庆银监局等管理部门针对"打着 P2P 贷款的旗号、涉嫌违规经营的机构"进行了不合规经营专项整改检查,五家公司被叫停新增违规业务,并自查整改,其中还包括宜信的重庆分公司。

2013 年 8 月,由央行牵头,央行、银监会、证监会、保监会、工信部、公安部、法制办七部委组成的"互联网金融发展与监管研究小组"在上海对包括陆金所、拍拍贷在内的 5 家 P2P 公司进行详细调研,了解业务构成及风险控制情况。

2013 年 8 月 13 日,在中国互联网金融峰会上,中国人民银行副行长刘士余在发言中表示,"在诚实守信的前提下,一切有利于包容性增长的金融活动、金融服务都应该受到尊重与鼓励。发展互联网金融,应注意防范风险,两个底线不能突破。一是非法吸收公共存款,二是非法集资"。这也是央行最高层官员首次对互联网金融及 P2P 的公开发表观点,对行业的发展有着重要意义。

2013 年 10 月,由央行牵头,央行副行长刘士余亲自带队,人民银行、银监会、证监会、保监会、工信部、公安部、财政部、国务院法制办组成的联合调研组奔赴深圳,进行互联网金融调研,其中重点正是 P2P 公司,招商银行小企业 E 家也在当时接受调研。

2013 年 11 月,由银监会牵头的九部委处置非法集资部际联席会议上,央行条法司将 P2P 公司存在的三类情况界定为"以开展 P2P 网络借贷业务为名实施非法集资行为"。第一类,理财—资金池模式;第二类,不合格借款人导致的非法集资风险,不合格借款人主要指虚假项目或虚假借款人;第三类,典型的庞氏骗局。不久,央行副行长刘士余公开表示 P2P 公司不得办资金池,不得从事担保。

2013 年 12 月,央行旗下支付清算协会成立互联网金融专业委员,9 家 P2P 公司入围。

2013 年 12 月,浙江省经信委在《关于加强融资性担保公司参与 P2P 网贷平台相关业务监管的通知》中表示,由于 P2P 网络贷款平台危机频发,融资性担保机构参与 P2P 网贷担保,可能引发系统性风险,严禁融资性担保公司涉足 P2P 网贷平台以及从事 P2P 网络贷款业务。

2014 年 2 月,支付清算协会的互联网金融专业委员召开 P2P 座谈会,听取监管意见。

2014 年 3 月，两会后传出 P2P 公司因从事类信贷业务，未来的监管单位为银监会，同时央行副行长刘士余表示 2014 年内出台互联网金融监管的指导意见。

2014 年 3 月 28 日，在上海市信息服务业行业协会牵头下，上海银监局召开上海市部分 P2P 企业调研会，上海市银监局副局长张光平、上海市信息服务业行业协会副秘书长李娟出席会议。上海银监局电子银行小组、信息科技处等十多人以及陆金所、拍拍贷、你我贷、畅贷网、诺诺镑客本市 5 家 P2P 企业代表参加了调研会。

2014 年 4 月 21 日，银监会处置非法集资部际联席会议办公室主任刘张君在"处置非法集资部际联席会议新闻发布会"时表示，对于 P2P 网络网络平台，在鼓励其创新发展同时，也应该合理设定业务边界，银监会要求其必须把握四个边界：一是要明确平台的中介性；二是明确平台本身不得提供担保；三是不得搞资金池；四是不得非法吸收公众存款。

2014 年 5 月 22 日，银监会创新监管部在北京召集陆金所、人人贷、红岭创投、拍拍贷、开鑫贷、宜信、有利网、点融网、温州翼龙贷等多家国内知名 P2P 平台主要负责人召开座谈会。座谈会的议题广泛涉及 P2P 平台中介性质的界定、业务范围、信息披露、资金监管、业务模式合法性、投资者保护、准入门槛等之前行业热议的问题，这也预示着银监会正式开展 P2P 监管的前期调研工作。

2014 年 6 月 27 日，上海银监局副局长张光平、信息科技处处长陈子昊考察新新贷，这也是银监会确认为 P2P 的监管单位后，银监局首次实地考察 P2P 公司。

其实 P2P 被监管，不仅是舆论界的要求，也是 P2P 业内的希望，业内主流 P2P 公司都曾在公开场合表示希望被监管。对"求监管"的呼声也一浪高过一浪。未来一行三会监管 P2P 已经是大势所趋，但是问题是 P2P 再这样发展下去，会不会搞一刀切？是否有必要现在就把 P2P 纳入监管？是否会采用发牌照的形式？监管又能否有效解决 P2P 行业现在的问题？

第一，P2P 被"一刀切"的可能性较低，因为 P2P 是民间借贷的一种进化形式，民间借贷是受法律保护的。从市场的角度来说，2008 年金融风暴以来，国内投融资需求被严重抑制，银行占据了 86% 的金融资源，M2 与 GDP 的比例亦说明货币发行量大,但是货币效率低下,没有真正帮助实体经济发展。在这种背景下,必然产生新生事物满足市场的需求,P2P就是这样一种事物。即使把P2P一刀切,只要市场需求存在,必然出现其他形式的投融资方式,监管不可能切断市场需求。一些P2P公司的合规性虽然存在争议,但是一刀切的结果并不能解决问题,只会让大量P2P公司从线上发展为线下,甚至演变为地下钱庄,这对监管来说更为不利。

第二,央行曾经计划拟定国内放贷人条例,这对规范民间借贷有着深远意义,但是因为P2P模式的出现,让此前制定的放贷人条例又添变数,短期内难以出台。从2013年央行牵头调研P2P来看,未来P2P极有可能像第三方支付一样,由中国人民银行发放牌照,接受人民银行的监管。值得一提的是,美国包括Lending Club在内的P2P公司接受的是美国证券交易委员会SEC的监管,SEC把Lending Club的业务视为一种证券业务,目前Lending Club的模式已经从P2P的直接融资模式衍变为资产证券化的平台。英国的Zopa退出美国市场,就是因为美国对P2P的监管过严。2014年3月,英国央行旗下的英国金融市场行为监管局发布了政策声明"FCA关于网络众筹和通过其他媒体推广的不易变现证券的监管规则",将于2014年4月正式把P2P纳入监管。国内一行三会监管部门的特点是,央行较宽松,银监会较严格,从这些国内外的信息来看,在不同的监管部门下,P2P未来的发展境遇可能截然不同。

第三,发牌照或为他人做嫁衣。许多P2P公司求监管摆明了就是为了求名分、求牌照,毕竟牌照意味着合法化。可是目前无论银行、第三方支付、保险、电商以及BAT等巨头都对P2P这个行业虎视眈眈,一旦用发牌照的方式来推进P2P的监管,必然造成大量原本不从事这个行业的公司潮水般涌进行业内,这势必会影响整个行业的正常发展。2011年,第一批第三方支付公司获得支付牌照,其中就包括了中国移动、中国联通、中国电信等巨头的身影。如果给P2P发牌照,极有可能出现相似的一幕。在互联网金融的热潮下,抢牌照也已经成为了各种非金融公司的共识,百度CEO李彦宏就表示互联网金融的大潮不可逆,应加快推进相关牌照的落实。对创业型的P2P公司来说,在争夺牌照的能力上完全无法与互联网巨头抗衡。在国外无人问津的保理牌照,因为具备着贷款授信的资质,被国内包括第三方支付在内的中国公司申请,一旦出现P2P业务牌照,因为具备撮合交易的特征,将会吸引大量公司争夺。许多原先并非从事 P2P 业务的公司为了短期内获得牌照,也可能买壳争牌照。这都会抑制现在努力创新、实践普惠金融之路的 P2P 公司。所以应对金融创新,监管也应创新,传统的牌照式监管只会造成某类业务的垄断,对习惯于市场化经营的 P2P 公司不利。

第四,监管可能会抑制创新。其实,无论国内外,P2P 的监管是一个世界性难题,因为这种模式尚未定性,未来发展还存在各种可能。如果把 P2P 纳入监管,那首先进入监管的必定是较优秀的平台,这些平台的创新能力就会受到抑制,原本无序的平台则可能依旧野蛮生长,这可能造成"劣币驱逐良币"的现象。甚至一些 P2P 公司会改头换面,以其他的名目来绕开监管,例如有些平台完全可以称自己是民间借贷的第三方风险控制,做着相同的业务模式,甚至把较透明的互联网模式引入线下,反而给监管造成难度。

除了以上四点,监管成本、投资者教育、如何界定 P2P 的业务范畴等也是短时间内无法落实监管的原因。但是 P2P 行业可以施行适当的监督而非监管。

第一,监管先管人。全国有各种 P2P 业务模式,未来还会有新模式出现,如果现在监管强势介入,对业务进行监管,不利于 P2P 行业的创新与发展。此前跑路或倒闭的网贷公司中,绝大部分创始人并不具备金融的背景,部分甚至是民间借贷的长期欠款人。监管的首要任务就是对高管的资质进行审核,设定相应的准入门槛,对有权利挪用客户资金的人采用备案制,例如公司的法人代表、创始人和财务等高管,则能在一定程度上,提高 P2P 公司的资金安全性。

第二,利用数据接口进行实时交易监控。目前央行支付清算协会的互联网金融专业委员会中有 9 家 P2P 公司,据猜测,这可能是央行为了与这些 P2P 公司进行数据的对接,以实时监控交易。证监会已经利用监控交易,获得海量数据,设定警示指标的方法对基金经理进行监控,如果类似方法能在适当的时机用于监控 P2P 交易,既能降低监管成本,也能看出 P2P 公司是否存在资金池、期限错配、拆标、自融等违规行为。目前业内流传监管层已授权某公司,专门负责研制 P2P 交易的对接系统,希望通过监控各 P2P 公司的海量交易,查悉 P2P 公司是否存在违规行为。

第三,加强从业者、投资者教育。其实 P2P 行业的从业者和投资者都或多或少存在投机的心态。P2P 始于互联网,但是本质是民间借贷,从业者和投资者难免沾染到民间借贷风气,在发展中需要以金融的要求逐渐将其规范,这样才是民间借贷阳光化的途径。互联网金融能走多远,其实最终取决于普通人对风险的容忍度,目前 P2P 平台上担保、高息等现象也是许多投资者风险偏好低,不健康的投资心态造成的。

2014 年 6 月,上海市信息服务业行业协会要求所有会员单位不得在网站上使用"理财"、"保本保息"等具有误导倾向的宣传词,绝大多数 P2P 公司都做了调整。但是同期,上海新开设的 P2P 公司中存在宣传中使用了"互联网银行"、"存款"等严重造成误导的词语。在 P2P 的自律规范之路上,出现了"劣币驱逐良币"的现象。

其实对于 P2P 行业的发展,更应考虑监管和市场机制相结合的方式,如果市场竞争充分,投资者教育能取得进展,加强风险揭示,P2P 公司自身也能够规范自律发展,并适当披露必要的信息。P2P 行业是民间借贷的一种进化形式,在中国市场与民间借贷的界限比较模糊,从业者也大多来自草根群体,未来 P2P 的发展方向应是科技化、规范化和透明化,在市场优胜劣汰的法则下,P2P 两极分化的趋势也会越来越明显。

3.2　垂直金融搜索平台

3.2.1　什么是垂直金融搜索平台

垂直金融搜索引擎是指针对金融行业的专业搜素引擎,垂直金融搜索平台是指运营垂直金融搜索的网站,具有搜索和比价的功能,典型代表有融道网、融360、安贷客、好贷网等。在垂直金融搜索平台上,金融产品需求者只需在网站上输入金额、期限、利率、资金用途等信息,即可得到相应金融机构提供的符合条件的金融产品,产品需求者可以在对比各个产品后,自主选择方案并提交申请,无需前往线下物理网点办理。

垂直金融搜索平台源于供求双方的信息不对称,其在实践中充当线上金融中介的角色,能够使得资金融通更加便捷、高效,具有一定的发展空间。

对于银行等传统金融机构来说,开展销售业务需要雇用业务员或者开设中介网点,成本很高,利用垂直金融搜索平台能够减少这些开支。此外,由于业务员销售业绩与奖励或薪水挂钩,容易诱发诸如骗贷、骗保、飞单等道德风险,垂直金融搜索在一定程度上也能规避这种风险。

对于资金供给者来说,金融产品比较复杂且相互离散,无法进行全面比价,中介信息成本高,而垂直金融搜索则能解决这类问题。

对资金需求者来说,传统银行等金融机构从节约成本和风险控制角度更倾向于服务于大型机构,如果垂直金融搜索能够利用信息技术缓解甚至解决信息不对称的问题,则会为银行和中小企业直接的合作搭建平台,增加中小企业或个人在银行贷款的可能性,同时也增强了金融机构为实体经济服务的职能。

如今互联网主要人群成为社会的主要劳动力,他们多年养成了使用互联网的习惯,互联网也影响了他们的生活习惯和思维模式,甚至影响了金融消费习惯,百度目前每天有 3 亿次的金融相关的搜索,可见不断成长的网民通过在线搜索金融产品的意向较强烈。谷歌 2011 年的调查显示,88% 的美国网民有金融搜索比价的习惯;Forrester 的调研报告显示 2007~2012 年,英国人每年至少一次网上查询和申请金融产品的比例从 22% 上升为 50%,而据波士顿咨询(BCG)2010 年底的调研,中国消费者通过网站了解消费金融产品和信用卡的比例为 28% 左右,获取车贷房贷的比例为 11% 左右,50% 以上仍通过银行咨询和代理商推荐的方式。可见我国金融搜索比较市场具有很大的市场空间。

3.2.2 垂直金融搜索平台的发展历程

如果以易贷网成立为标志,垂直金融搜索平台发展至今已有 5 年,行业发展已经初具规模,且竞争愈演愈烈,各平台都积极在资本和服务上寻求突破。

5 年来,垂直金融搜索平台数量增速一般,截至 2014 年上半年仅不到 10 家,包括易贷网(2009 年 1 月)、融道网(2009 年 4 月成立)、融 360(2011 年 10 月成立)、91 金融(2011 年 11 月成立)、资信客(2012 年 4 月成立)、安贷客(2012 年 9 月成立)、好贷网(2014 年 3 月成立)等。

虽然垂直金融搜索平台数量增速一般,但平台业务规模发展迅速。以具有代表性的融 360 与好贷网为例,截至 2013 年底,融 360 全国城市覆盖将近 100

个,已与 5 000 多家金融机构合作,共有 16 000 种融资贷款产品上线,2 000 个不同类型的银行卡产品上线,小微企业和普通消费者通过融 360 平台申请的贷款金额达到 3 000 亿元,通过融 360 服务获得金融机构发放的贷款金额有 500 多亿元。截至 2014 年 3 月 23 日,好贷网已经在全国 108 个城市开通了本地的在线免费贷款搜索与咨询服务。合作机构从 300 家跃增至 5 500 家,信贷产品从 500 个增至 18 000 个,与好贷网合作的信贷经理人数从 500 人涨至 28 000 人。

单平台数千亿的贷款金额吸引了更多竞争者的加入,其中不乏巨头企业。2013 年,搜房网利用自身在房源上的优势成立"天下消费贷",百度利用流量优势推出百度财富。无论是同类平台竞争还是其他行业巨头加入,金融垂直搜索的竞争愈演愈烈。因此,各平台面对激烈的竞争,都在资本和服务上寻求突破。

除融 360 获得风险投资外,91 金融成立同月获得经纬创投首轮投资,并于 2013 年 9 月获得多家机构 6 000 万元人民币的第二轮投资,好贷网也获得本土创投同创伟业旗下早期基金 1 000 万元人民币注资。

在背靠资本的同时,各垂直金融搜索平台在搜索比价的基础上不断延伸服务,在广度和深度上加强企业的业务,差异化竞争逐步形成。融 360 侧重于个人房贷、车贷、消费贷;好贷网侧重于中小企业经营贷;91 金融"重度服务"突出导购性质[①]。融 360 努力成为个性化推介系统;好贷网努力做深贷款领域;91 金融超市努力做深服务。虽平台间短期形成了差异化竞争局势,但同步也在寻找机会进行大规模的布局与扩张。

同时,各垂直金融搜索平台积极寻求合作。2013 年,融 360 联手百度"金融知心"项目组推出百度财富;好贷网积极联姻"Discuz!"等第三方机构,推出面向互联网初创企业的低息贷款产品——"中国好贷款"。

在快速发展和竞争激烈的同时,金融垂直搜索的发展受到产品来源不足、输客能力有限以及客户缺少网上搜索比价习惯等因素制约。未来金融搜索将呈现大众、年轻化、小微化、个性化、移动化五大趋势[②],垂直金融搜索平台只有做深垂直、做深细分,扼住流量入口,才会有更多的机会。

---

① 导购性质:在分析用户需求与资质后直接推荐匹配度最高的产品,并帮助用户完成申请。

② 叶大清.金融垂直搜索:等风来 做一只长了翅膀的猪. http://tech. 163. com/14/0110/09/9I7G9GVD000915BF. html,2014.

3.3 在线融资贷款代理平台

3.3.1 垂直金融搜索平台的不足

作为"网络信贷"一词的提出者(2010年3月12日《浦东时报》报道"融道网——网络信贷'新生儿'浦东起步")、网络融资 B2C(Bank to Customer)模式的创立者,融道网创始人兼首席执行官周汉在实际运营过程中,很快发现了这种模式的不足之处。

首先,服务无法形成闭环。B2C模式或者说是垂直金融搜索引擎,在信贷服务这个长流程中,完成的只是最初的一小段供需双方对接服务,而这个阶段恰恰是信贷服务的开始而非结束。相对而言,其他行业的垂直搜索引擎如"去哪儿",搜索的机票和酒店都是标准化的产品、电商搜索引擎搜索的都是标准化的产品,而信贷,尤其是中小微企业信贷,一方面中小微企业的情况千差万别、无法做成标准化产品,而在金融机构一方,由于中国的贷审会制度,信贷业务员有着极大的自由裁量权,同一个用户由同一个机构里不同信贷员操作,可能获得完全不同的两个结果。所以单靠金融机构渠道、甚至下沉到信贷员个人的对接,依然无法为客户最终解决问题,而且还会导致供需双方的用户体验都不佳。

第二,盈利模式无法保障。融道网在国内最早尝试向通过金融机构供客收取费用模式,但在实践过程中发现,这种模式并不适应中国的信贷市场现状。中国信贷市场正处在从卖方市场向买方市场转变的过程中,是一个"变动的局部不均衡的市场"。

截至2013年底,10万元以下的小额信贷,解决的主要渠道是 P2P 平台、民间借贷,由于这些信贷机构本身缺乏网点和获客渠道,靠业务人员扫街寻找客户非常不经济,因此愿意为客户付费,已经成为"买方市场",如在美国,搜索和比较消费金融产品 LendingTree 也都是向金融机构收费的;而10万元以上的信贷业务还处于卖方市场,金融机构较为强势,在金融资源僧多粥少的情况下,买方——借款人更愿意支付费用获得服务,融资中介市场近两年获得快速发展即是一例。

从地域方面来看,经济发达地区尤其是北、上、广、深,由于金融资源相对丰富,竞争比较激烈,信贷业务员愿意为获客付费,而信贷机构本身如银行仍然没有意愿;而在经济不发达地区,金融机构少,银行更是处于垄断地位,B2C模式也无法生存。

第三,B2C模式向借款人的免费服务反而会造成流程的阻碍。在美国LendingTree向借款人免费的基础是有一个健全的社会信用体系,在借款人通过LendingTree比价和选择金融机构后,金融机构可以低成本地判断借款人的信用。而在中国,借款人的信用情况难以判断,需要提交大量的材料和文件,尤其是中小微企业贷款需要提交的材料更是多达20种以上。在对借款人的免费服务模式下,借款人没有成本的压力,往往无法配合平台和金融机构及时提交各种材料,不仅影响了B2C平台的对接精度和速度,而且也造成了金融机构业务人员对中小微企业的畏难心理。融道网针对银行信贷员的调查显示,70%的银行信贷员认为服务中小微企业最困难的就是在收集贷款审批材料这个环节。

3.3.2 解决之道:在线融资代理商OFA模式

因此,融道网于2013年正式将B2C模式升级为OFA模式——Online Finance Agency在线融资代理商模式。该模式与B2C模式相比,正如"携程"与"去哪儿"的区别,前者定位于一站式综合旅游服务供应商,做的是服务,而后者则定位于机票和酒店的垂直搜索引擎,卖的是流量。

融道网创始人兼首席执行官周汉认为,网络信贷服务从本质上来看还是服务,客户上网寻求的是的是结果而非过程,因此,线下服务就显得尤为重要。

无独有偶,2014年以来,腾讯入股大众点评网、京东签约万家便利店,使得O2O模式热度卷席全国,在国内金融产品消费领域,也出现了O2O的趋势。如众安在线财产保险的业模式,Online的部分是销售和理赔服务,而Offline则是线下查勘和特定的理赔;如北京银行和民生银行的直销银行,Online是线上服务,而Offline则是小规模的线下门店。然而金融消费产品和服务毕竟不像生活消费类O2O,后者可以通过网上支付完成O2O的闭环,而网上金融产品和服务的销售,除了以高收益率吸引顾客的余额宝们,其余均不如人意。如目前较为普遍的第三方基金销售网络平台,上市公司东方财富、恒生电子、同花顺旗下的三大基金销售网络平台天天基金网、数米基金网和同花顺基金销售业务均处于亏损状态。

这是因为金融产品和服务的复杂性,要远高于O2O主流的餐饮服务、电影票、日用百货,而国内相当多的理财产品在运作、投向上更是语焉不详,令消费者不明就里。调查显示,即使是在美国,40%的网民在选择金融产品时,仍然青睐ROPO模式即"线上调研,线下购买(Research Online,Purchase Offline);根据波士顿咨询公司(BCG)2012年发布的系列报告《网络连接世界》,ROPO模式"已经分别占据中国消费支出总额的4%",而在发达国家德国,这个数字则达到了16%,显示线上线下相结合的方式,在目前情况下,更适合于金融产品与服务的提供。

而融道网OFA模式,通过线上贷款评估、线上集客、线上线下机构集约服务,实现了网络贷款服务的完整闭环,大幅提升了贷款效率和成功率,体现了网络技术对于传统信贷行业的极大促进与优化。

借款人打开融道网后,可以先通过结合了国内30多家主流银行、小贷、担保、P2P等信贷机构客户评价系统的线上贷款评估,从五个方面:信用记录、创收(经营)能力、偿债能力、综合实力、抵押担保获得评分,从而全面了解自身的贷款能力:能不能贷、能贷多少、利率多高、向谁去贷……

融道网会根据客户的评估结果和区域不同,交由当地的特约服务商进行服务,特约服务商都是具有丰富信贷服务经验的线下机构,他们不仅可以更好地辅导借款人准备材料、解决信贷员的痛点,而且还可以利用融道网在当地的金融机构资源,拓宽服务渠道,从而更好地实现贷款的落地和服务的闭环。在贷款成功后,客户支付佣金,融道网与特约服务商进行分成。截至2014年6月,融道网已经在全国各地包括东北、华北、长三角等地,发展了60多家特约服务商,以更好地为借款人提供一站式服务。

根据融道网的测算,在已经发展的特约服务商的地区,在加入了线下服务形成闭环之后,借款人的最终的成功率高达20%～30%,而B2C模式的跟踪结果下,则只有10%左右。

3.4　贷后管理平台

3.4.1　金融服务外包的趋势

"在 20 年之内,中小金融机构的前台和后台也将消失。当利差很低的时候,机构不得不选择业务外包或是上网"。——这是 2013 年 12 月,中国平安董事长兼 CEO 马明哲在众安保险启动仪式上的预测。

事实上,这种做法被称为金融服务外包(financial service outsourcing),是指金融企业持续地利用外包服务商(可以是集团内的附属实体或集团以外的实体)来完成以前由自身承担的业务活动。外包可以是将某项业务(或业务的一部分)从金融企业转交给服务商操作,或由服务商进一步转移给另一服务商(即"转包")。

20 世纪 70 年代的欧美,证券行业的金融机构为节约成本,开始将一些准事务性业务(如打印和存储记录等)外包。到了 90 年代,在成本因素及技术升级的推动下,金融外包主要集中在 IT 领域,涉及整个 IT 行业。

3.4.2　贷前外包未成气候

时至今日在美国,马明哲的预测已经变成现实。据《华尔街日报》报道,在美国许多银行已经将旗下的抵押贷款服务和止赎处理等业务外包给印度大型技术公司。印度公司主要负责审查借贷人资格,但并不做出最终决定。美国银行的成本由此降低,而印度则帮助美国银行细化了业务。

而本书中的网络信贷中的 B2C 模式、垂直金融搜索,所做的都是银行非核心业务链条上的"贷前"外包。

不过,在中国,对于贷前外包服务,由于存款利率尚未完全市场化,银行仍然有较大的利差收益,再加上中小微企业贷款目前是卖方市场,所以贷前外包的动力并不大。

2009 年 7 月成立于杭州,采用 B2C 模式的数银在线,想通过做"银行的前台"、从银行获得佣金的方式来盈利,也曾经被杭州市政府认定为金融服务外包的试点单位,但是仍然于 2013 年遭遇股东方浙银资本的撤资。

杭州的另一家采用类似模式的全球网,从事的也是整合企业各类信用信息,帮银行审核、筛选客户的贷前服务,并与建设银行合作推出"e 商通"。但是据《浙江日报》2012 年 9 月 5 日公开报道,自 2010 年 9 月启动至当时,已帮助7 696家企业获贷 221.35 亿元,根据网站首页信息,2014 年 2 月 28 日,共服务11 155家企业获贷 296.69 亿元,业务的后劲明显不足。

3.4.3　贷后外包渐成趋势

相对于贷前,目前国内银行较为普遍的外包是把 IT 业务程序开发、款包押运、网点安保、对账单寄送、个人贷款催收、诉讼等业务外包。其中由个人贷款催收发展而来的贷后管理平台则是模式最为清晰成熟的一块。

贷后管理是指从贷款发放或其他信贷业务发生后直到本息收回或信用结束的全过程的信贷管理。长期以来,贷后管理一直是我国银行信贷管理的薄弱环节,业务人员往往"重贷轻管"、风险化解手段单一,尤其是小额贷款,更加繁琐复杂,信贷客户的经营情况、行业变化、区域差异等都不是业务员能够掌握的,这种信息不对称是信贷管理的最大隐患。

因此,2008 年,光大银行开始尝试贷后管理外包,选择会计师事务所(审计师事务所)这些第三方专业机构,在财务分析、资产质量评估、现金流量预测等方面,由于其专业性和独立性较强,因而更具有客观性和准确性。

而 2009 年,中国银行对 B2B 平台一达通授信了 5 亿元,由一达通对出口企业客户进行放贷,贷款企业无需提供担保和抵押品,每笔贷款最高额度为 300万元,贷款风险由中行和一达通各按 50% 分摊,相当于把包括贷前、贷审及贷后管理这一系列的贷款程序全部外包给电商平台,由此可见,互联网企业对于贷后管理外包有着天然的优势。

而在上海,1999 年成立的财安金融是国内较早涉足金融服务领域的专业外包公司,主要帮助银行及时掌握贷后资产状况和欠贷追缴,在 2004 年就开发了金融机构逾期账户管理催收管理系统(CDCMS)以实现与金融机构间信息的通信渠道,并在 2011 年引进 ERP 系统,建立信息化管理平台。

而这种模式,已经初步实现了发达国家"征信局"的功能:提供客户黑名单和公共信息、征信报告、制订催收策略、催收服务的功能,也成为网络信贷服务的一种新模式。

3.5 网贷行业门户

3.5.1 什么是网贷行业门户

网贷行业门户是指聚焦于网贷行业,秉承公平、公正、公开的原则,对互联网金融信息资源进行汇总、整理,为客户提供全面、权威的网贷行业数据及行业资讯的第三方资讯平台。它是网贷行业的外围服务提供商,为行业参与者提供最新的行业信息,是理财人和借款人了解网贷行业以及各家网贷平台运营状况的窗口。此外,网贷行业门户为行业参与者提供相互交流、沟通的平台,并对存在倒闭及携款跑路风险的网贷平台起到一定的监督及预警功能,对保障投资人权益发挥重要作用。典型的网贷行业门户有网贷之家、网贷天地、融途网等。

以网贷之家为例,作为国内首家、最大、最权威的第三方网贷资讯平台,网贷之家提供全方位的权威行业资讯,搭建最活跃的开放式行业交流社区,致力于推动中国网络借贷行业健康持续发展,是上海市网络信贷服务业企业联盟成员之一。

网站上线后,网贷之家首创网贷指数、时间加权成交量等已获得行业广泛认可的概念,发布了极具影响力的网贷平台综合评级,为网贷平台的比较及投资人选择平台提供了参考意见。网贷之家拥有业内覆盖面最广、最有深度的网贷平台成交数据库,并建立了在业内研究水平领先的网贷研究院。网贷之家通过行业数据统计、分析,定期发布日报、月报等研究成果,客观反映行业发展状况,为投资人、P2P网贷平台了解行业发展提供信息,并为政府监管机构政策的制定及规章制度的建立提供了有益的参考。网站还以客观、中立的立场,对网贷平台进行考察,撰写考察报告,客观分析网贷平台的资质及存在的安全隐患等,为投资人保驾护航。

此外,网贷之家建立了评级、档案、百科、导航、资讯、社区等栏目,为客户提供了大量的 P2P 网贷信息,并为网贷行业参与者提供了交流、互动平台,对降低网贷平台和投资人之间的信息不对称做出了重要贡献。

在风险屏蔽、预警及帮助投资人维护权益方面,网贷之家也做出了众多努力。网站通过平台准入审核,筛选出具备相关资质及良好信誉的网贷平台,并对准入平台的信息进行实时监控,以便于在携款跑路等事件发生前及时进行风险预警。2012 年 6 月 5 日,仅仅上线两天的淘金贷就被投资人发帖警示,6 月 8 日,淘金贷负责人携款跑路,网贷之家当日得知该信息后,立即协助该投资人报警,并在犯罪嫌疑人被抓获前不断帮助投资人维权。最终,投资人成功追回了被骗资金。

在盈利模式方面,网贷之家依托广告费、软件外包等外围服务来获取收入。网贷之家具有良好的用户粘性,保障了以流量为核心的盈利模式的运转。

3.5.2 网贷行业门户发展历程

伴随着网贷行业如火如荼的发展态势,网贷平台数量不断增长,网贷投资人及借款人数不断增加,行业参与者迫切需要一个能够了解信息、交流信息的地方,对行业外围服务平台的需求日益强烈,在这种需求下,网贷行业门户网站应运而生。当前主要的网贷行业门户网站有网贷之家、融途网、网贷天地、网贷世界等。

早在 2011 年,网贷之家创始人便敏锐地嗅到这一市场需求,在整个行业仅有二三十家网贷平台的雏形状态下抢占先机,成立了首家专门为网贷信息交流服务的平台——网贷之家。伴随着网贷之家工作人员的辛勤努力及行业快速发展的背景,网贷之家也成为网贷行业门户网站的佼佼者。目前,网贷之家日均独立 IP 访问量已超过 1 万,日均点击量在 12 万以上,是前者的 12 倍,也体现了其较强的用户粘性,印证了网贷之家信息的丰富度及可读性。由于在行业中的领先地位,网贷之家也得到了风险投资的关注,2013 年 12 月,网站获得深圳创东方投资 1 000 万元人民币的融资,进一步促进了网站的发展。

随后,越来越多的创业团队涉足网贷行业门户网站。例如,2013 年 4 月,由杭州通融网络科技有限公司全力打造的融途网成立,并由杭州融都商务咨询有限公司负责运营。与网贷之家等第三方网站一样,融途网为网贷投资者提供网贷咨询等服务。同时,网站也开通了论坛社区等版块,为网贷平台、网贷投资者及网贷机构等提供互动交流及发布信息的交流中心。

近两年,网贷行业门户网站发展迅速,数量增速加快。据不完全统计,当前网贷行业门户网站已有30余家,成为网贷行业外围服务的重要组成部分。

3.5.3 网贷行业门户发展趋势分析

随着网贷行业的迅猛发展,作为外围服务提供商的网贷行业门户网站也将获得更强的活力,推动着门户网站的快速发展。

3.5.3.1 网贷行业门户数量持续增加,竞争加剧

在网贷行业整体迅猛发展及行业参与者对信息获取的需求不断增加的背景下,作为行业不可或缺的门户网站将会吸引越来越多的创业者及投资者的眼球。网贷行业门户数量将持续增加,发展将逐渐加快,同时,门户网站间的竞争也不断加剧。

3.5.3.2 业务模式多元化,但仍以广告和会员服务为主

网贷行业门户的业务模式将向多元化方向发展,当前以广告和会员为主的盈利方式将继续保持其主导地位。但未来,咨询服务、企业建站、行业专题会议等多元化的商业模式将不断发展,并成为网贷行业门户新的盈利点。

3.5.3.3 将在更多环节充当行业服务的角色

针对当前网贷平台和网贷投资人间的信息不对称、网贷平台频繁跑路给网贷投资人带来的信心上的打击及新上线平台对品牌推广的需求,网贷行业门户将通过提供实地考察、征信、市场调查、培训等服务,在更多环节为网贷行业参与者提供服务,并以此提高其行业地位。

3.5.3.4 在促进行业发展上发挥更重要的作用

随着网贷行业门户的不断发展及业务能力的拓展,未来网贷行业门户在扮演行业的信息化提供商、了解行业发展趋势的窗口、咨询服务提供商、行业人员交流聚集地及行业技术交流平台等领域将发挥更大的作用,帮助解决行业中存在的某些问题,促进企业间交流、合作,为行业的发展、壮大做出重要贡献。

3.6 网络信贷第三方征信系统

3.6.1 网络信贷第三方征信系统概况

近几年,我国 P2P 网络小额信贷机构、网络贷款机构发展迅猛,网络金融的出现为解决中小企业、中低收入人群的融资问题提供了新的途径,对完善金融体系、优化信贷结构意义重大。

相对传统银行信贷业务而言,网络金融的风险水平更高,在高速发展的过程中需要能够快速提供客户信用信息的征信系统的支撑。作为金融基础设施,征信系统可以有效提示业务风险,降低业务成本,约束借款人的行为,提高网络金融机构的盈利水平,在部分金融服务较为发达的国家,网络金融机构甚至仅仅依托征信系统的评分结果即可提供授信。

3.6.2 网络信贷第三方征信系统数据库情况

上海一直走在中国征信业发展前沿。自 1999 年组建全国首家个人征信业务机构——上海资信有限公司——以来,上海出具了新中国成立以来大陆地区第一份个人信用报告,最先基于个人征信系统推出信用评分业务。面对蓬勃发展的网络金融产业,上海也率先在全国网络信贷征信领域做出探索,2013 年 7 月,中国人民银行授权上海资信搭建的"网络金融征信系统(NFCS)"正式上线,要求上海资信将全国 P2P 企业纳入该系统,此举也是央行征信延伸至非银行领域的前瞻性举措。

3.6.2.1 网络金融征信系统的建设目标

网络金融征信系统的建设目标是:

放大网络信贷的违约成本,降低行业总体经营风险;

帮助网络信贷机构全面掌握融资主体的负债水平和历史交易表现,优化网络信贷机构信审流程,降低成本;

帮助投资人了解投资对象的真实信用水平,为网络信贷机构被迫超自身能力提供担保获取资金的局面解困。

对加入网络金融征信系统与不加入网络金融征信系统的机构形成不同的市场认知,引导融资需求向与我们合作的企业倾斜,保障在网络金融征信系统覆盖下企业经营风险的可控与良性发展,推动网络金融行业新格局的形成。

3.6.2.2 网络金融征信系统数据采集的主要内容和应用价值

网络金融征信系统收集并整理网络信贷机构业务开展过程中产生的以自然人为主体的五类信用交易信息,包括:(1)个人基本信息;(2)贷款申请信息;(3)贷款开立信息;(4)贷款还款信息;(5)特殊交易信息。结合从其他领域获得的信用信息,整合成信用报告供网络信贷机构查询。通过查询网络金融征信系统,可帮助网络信贷机构全面了解授信对象,防范借款人恶意欺诈,过度负债等信用风险,提高网络信贷机构信用管理水平,降低经营风险。

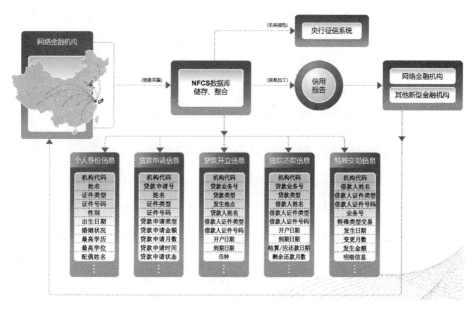

图 3.2　网络金融征信系统结构

这些记录从不同维度,为网络信贷机构审核信用风险提供信息支撑:"个人基本信息"提供交叉验证的信息支持,防范身份欺诈,提供贷后管理的多方信息比对;"融资申请信息"第一时间提供主体是否存在多头申请的欺诈可能;"借款开立与偿还信息"提供动态的负债及违约信息,帮助企业了解主体真实的负债水平及偿还能力变动情况,辅助决策;"特殊交易信息"整合业内的黑名单,放大失信者的违约成本,形成威慑。

3.6.3　网络信贷第三方征信系统功能

网络金融征信系统包含数据上报、信用报告查询、系统管理三大功能。

数据上报功能：用户可将制作完成的报文文件压缩加密后上传，系统会自动完成数据合规校验并反馈是否加载成功，数据上报后用户可以查看上报数据的状态。

信用报告查询功能：网络信贷机构只需输入身份证件号码及查询原因即可在线获得信用报告查询结果。批量查询功能同样支持。

系统管理功能：帮助网络信贷机构灵活配置下辖机构及操作员，并及时掌握各分支机构、操作员的操作痕迹。

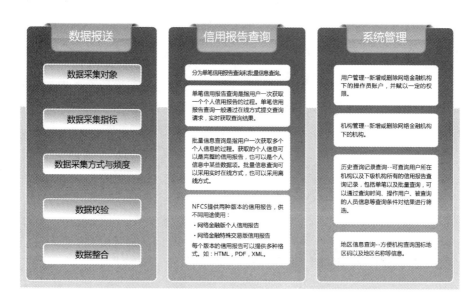

图 3.3　网络金融征信系统功能结构

3.6.4　网络信贷第三方征信系统监管现状及发展动向

2013 年国务院及中国人民银行先后颁布了《征信业管理条例》和《征信机构管理办法》，征信机构设立将依法遵循个人征信机构从严、企业征信机构从宽的原则，对个人征信机构实行严格的审批管理，因此，今后仅有极少数机构能够获得合法开展个人征信业务的资质。网络信贷征信业务属于个人征信范畴，在平台建设方面，合法合规将是重点考虑因素之一。

目前,网络信贷机构对央行征信系统有着强烈的需求,但由于行业自身存在一些问题,在走向规范、成熟的市场化运作之前,网络信贷进入央行征信系统仍没有具体时间表。当前最为稳妥的解决方案是与第三方征信机构合作,通过数据交换或购买数据方式随时掌握借款人及行业内的最新信用变化信息。

第三方征信平台有利于网络信贷机构控制借贷风险。国内现有的网贷平台通常有着各自的风控模型,数据来源或是通过与线下的小贷公司与其共享数据的方式获取,或是通过自己的线下团队人工获取数据搭建数据库,这些数据局限性较大,不能全面反映客户在 P2P 行业乃至社会各方面的信用状况,在交易过程中存在信息的不对称,给网贷企业带来一定的潜在风险。征信系统能够完整展现个人的信用情况,对恶意欠款、不良逾期等行为形成预防和威慑机制。

从长期来看,网贷平台纳入央行征信系统是大势所趋,规范网贷平台是对接央行征信系统必要前提,具体可从以下两个方面着手准备:

一方面,通过政府监管机构及行业协会逐步建立和完善相关配套政策制度,加大扶植力度,培养行业领军企业,提高社会影响力;另一方面,依托于专业的第三方征信平台,以央行征信系统为样板,依据严格的征信接口规范行业,建立完善的信息安全制度,全面提高数据采集质量,在初步解决行业风险管理问题的基础上,为今后对接央行征信系统做好准备。

3.7 网络信贷服务发展方向

3.7.1 市场规模扩大,市场风险加剧

在经历 2013 年 P2P 行业爆发式增长之后,预计未来一段时间内,网络信贷服务市场规模仍然维持较高的增长速度。主要增长动力来源于两个方面:第一,网络信贷尤其是 P2P 与垂直搜索引擎两大模式企业在 2013 年后获得了风险投资的青睐,增强了市场宣传和品牌推广力度,资金借出人与借款人规模呈上升态势,更多的个人与机构参与到网络信贷行业中。第二,具备相当实力的小贷、担保、典当等民间金融机构对网络信贷服务尤其是 P2P 行业展示出浓厚兴趣,转型开展 P2P 业务的意向强烈,P2P 平台数量未来将进一步上升。伴随市

场规模扩大,市场风险也在加剧,2013 年底已经出现了一波平台倒闭潮,预计这一状态仍将延续,主要原因是新成立的平台风控能力需要由平台第一批借款的到期时间来检验,风控能力差的平台可能出现大面积违约,导致平台倒闭。

3.7.2 风险频发倒逼监管预期进一步增强

2013~2014 年 6 月,据不完全统计,P2P 企业发生提现困难、倒闭、跑路的已经达到 122 家,涉及金融数十亿元 。与此同时,金融管理当局也加快了调研与制定监管政策的步伐。

2013 年 7 月,央行副行长刘士余在京主持了 P2P 网贷专题座谈会,央行下属的条法司、货币政策司、金融稳定局、支付司和征信管理局五部门参与,并向各家 P2P 平台发放"网络金融发展状况调查问卷",对经营情况、业务模式、操作流程等方面进行摸底。8 月,由央行牵头,银监会、证监会、保监会、工信部、公安部、法制办、财政部八部委共同组成了"互联网金融发展与监管研究小组"的调研团队,8 月沪、杭两地,10 月到深圳进行调研,考察平安陆金所、阿里巴巴、腾讯、红岭创投等互联网金融企业。央行副行长刘士余提出了 P2P 的两个底线:一是不得非法吸收公共存款,二是不得非法集资。

在 2014 年 3 月,互联网金融被首度写入政府工作报告后,4 月银监会首次对 P2P 提出了"四条红线"底线监管思路,即一是明确平台的中介性质,二是明确平台本身不得提供担保,三是不得搞资金池,四是不得非法吸收公众存款。

2014 年 6 月央行又发布了《中国人民银行年报 2013》以专题形式对互联网金融风险做出警示,P2P 网贷监管思路趋于明朗。根据媒体报道,银监会相关负责人表示 P2P 行业的监管政策正在抓紧研究,监管细则制定工作已经启动,有望于年底出台。

3.7.3 领先的 P2P 平台自行研发征信模型,行业差距进一步拉大

社会征信体系不完善一直是中国 P2P 行业发展的最大制约因素之一,有效应对信用风险直接影响到 P2P 平台的风险控制能力。在征信牌照迟迟未发的情况下,领先的 P2P 平台开始着手加大从银行等金融机构引进数据分析人才的力度,通过信息技术以及自身运营积累的各方面数据,进行征信模型的研发,进

一步研究借款人的还款意愿和还款能力。

目前拍拍贷已经通过采集借款人各个维度的数据判定其违约成本,并给出可以贷款的额度和相应的风险定价,致力于建立自己的线上征信系统。而陆金所也表示,中国平安已经正式加入央行征信系统并正在申请征集牌照,目前已经实现信息数据在集团内部的共享。网贷之家也表示了对征信牌照的兴趣。

3.7.4　P2P平台拓宽业务范围,或进行垂直细分

平台将发挥互联网集聚人气的优势,将不仅仅局限于P2P借贷,而把自身转化为连接资金供给方与需求方的泛平台。例如某些线上平台开始销售信托、基金类产品,与小贷公司、担保公司开放系统后台,部分平台开通众筹频道,尝试介入股权众筹等。

有的P2P平台则开始进行垂直细分,在一个局部市场精耕细作:如按人群细分,可分为如学生贷、农户贷、公务员贷……按行为细分:如结婚贷、培训贷、装潢贷……按行业细分:工程贷、木业贷、纸业贷……或按担保方式细分:房产贷、车贷、银票贷……这样可以更有效地识别风险、效降低成本,为客户提供最具针对性的服务。

3.7.5　P2P平台主动投靠巨头

巨头不一定是TABLE——腾讯系(T)、阿里系(A)、百度系(B)、雷军系(L)、周鸿祎系(E),一些有志于进军金融业的B2B平台、B2C平台,尤其是拥有大量的交易数据,可以便捷高效地判断用户风险的平台,本身有意愿为客户提供金融服务,再造一个阿里小贷、京东供应链金融模式的P2P平台也是完全有可能的。而除了B2B\B2C平台外,在线教育平台的人群正与无抵押信用贷款的人群相重合,也将会是P2P投靠的一个方向 。

3.7.6　P2P逆向收购传统金融机构

对于一些有一定的融资或资金实力的P2P,去收购、参股甚至成立一家持牌金融机构(担保、小贷、第三方支付、村镇银行甚至典当行)也有可能,尤其是担保公司,近年以来,民营融资性担保公司的日子普遍难过,它们与银行的合作

地位非常不对等,银行赚了最多的利差却将大部分风险丢给仅赚取 2% 担保费的担保公司,而如果与 P2P 合作的话,双方最起码可以平等对话。因为对于传统持牌金融机构来说,它们往往缺的是资金而不是项目,这正好与 P2P 可以互补——依靠传统金融机构的业务渠道,P2P 可以获得稳定的较为优质的项目来源,还可以降低业务成本。

第肆章

网贷用户分析

4.1　投资人分析

4.1.1　投资人概况

　　网贷投资人作为网贷行业重要参与者之一,是网贷平台资金流程里不可或缺的一环,在很大程度上推动网贷行业的发展。

　　根据网贷之家采集的 100 家平台的成交数据显示,2013 年投资人数为约 27.83 万人, 2014 年年初至 5 月累计投资人数约 27.22 万人,几乎与 2013 年全年持平。国家监管政策的不明朗和平台倒闭风暴并没有影响投资人对网贷行业的投资热情,网贷相对其他理财方式的收益仍具有很大的优势。

　　2007～2013 年,网贷投资人数每年以 4.67 倍的速度高速增长,增长率接近一万倍,见图 4.1。其原因在于:一方面,国民理财意识在加速觉醒;另一方面,熟悉互联网的 80 后和 90 后已逐渐成为社会生产的主力,而他们有着迫切的理财需求。另外,随着余额宝的推出和互联网金融概念的热炒,6 月以后投资人增长的速度明显高于之前。网贷平台相对于余额宝更高的收益,未来可能会吸引更多的已经熟悉互联网理财的用户。但目前这个群体相对其他成熟投资渠道的投资人来说,还是比较小的,未来持续爆发增长的可能性非常大。

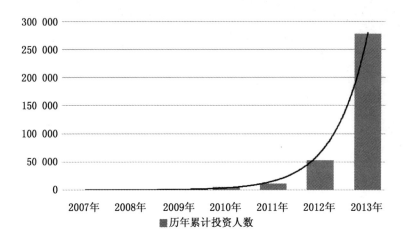

数据来源:网贷之家。

图 4.1　历年累计投资人数(单位:人)

2013 年人均投资金额约为 20 万元,2014 年年初至 5 月人均投资金额约为 16.65 万元。人均投资金额下降其原因在于,一方面投资人数的增多可能减少了个人可投资金额,另一方面网贷投资人分散意识增强,投资更趋于理性。

4.1.2　投资人分析

4.1.2.1　投资人属性

网贷之家通过数据收集及问卷调查方式,对网贷投资人的地域分布、年龄、职业、收入、接触网贷的渠道和每日研究网贷的时间做了相关统计分析。

目前我国网贷投资人呈现非均匀分布,与网贷平台地域分布呈现较高的一致性;网贷平台活跃大省广东、北京、上海、浙江投资人占总体人群的 80%,究其原因,这些省份的人均收入、教育程度也高于其他地区,有较强的理财意识而居民理财渠道匮乏,网络借贷作为一种新型理财方式丰富了大众的投资选择。当然,网贷平台在本地的线下推广也促进了当地投资人群体数量的扩大。

据统计,网贷投资人 85% 为男性,这与男性的风险偏好高于女性是一致的。对于网贷投资这种新潮的,并有一定风险的投资方式,男性相较女性而言更容易接受。另外,网贷投资人主体为青壮年,20~29 岁和 30~39 岁的占比均约为 40%，两者累计占比约 80%。而随着年龄增长，年龄在 40 岁以上的投资人数占比呈下降趋势(如图 4.2 所示)。20～39 岁的投资人较年长投资人有更高的教育经历，金融理财和网络意识较强，更容易接受网贷投资这种新兴的理财方式。此外，20～39 岁年龄段的投资人多数处于工作黄金期，有更强的赚钱资本和能力，有较强的风险偏好，从而能够承担更高的风险。

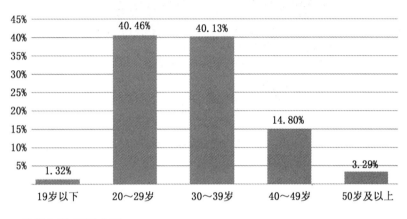

数据来源:网贷之家。

图 4.2　网贷投资人年龄分布

网贷投资人中从事金融、互联网行业及公务员的占比分别为 21%、19% 及 12%，累计占比 52%，见图 4.3。首先，因为网贷兼具金融和互联网的双重属性，从事金融和 IT 行业的人更有机会接触网贷行业，熟悉网贷行业的发展情况。其次，网贷行业作为一种新兴投资方式，有其不同于传统金融理财方式的独到之处，需要行业外的投资人花费一定的时间及精力了解研究，才能增强投资的判断力，获得高收益。而公务员在业余时间方面的优势，使得他们成为网贷投资的三大主力之一。

投资人的收入方面，年收入 10 万元以下的投资人占比 60%，年收入 20 万元以上的占比仅 15%，见图 4.4。以发达地区的经济水平来衡量，大部分投资人都是中低收入水平的草根群体，他们在传统金融机构的门槛面前，并没有多少理财机会。几十上百元就能投资的网贷行业为这个草根群体提供了一个现实可行的投资选择。网贷投资的低门槛是个很大的优势。

总之，网贷投资人的主体为男性青年上班族。未来当这个群体成为社会的财富主流时，网贷行业的发展空间还是非常可观的。

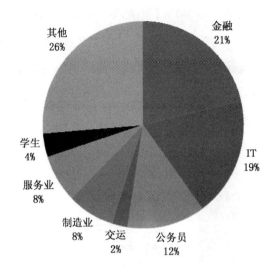

图 4.3　网贷投资人职业分布

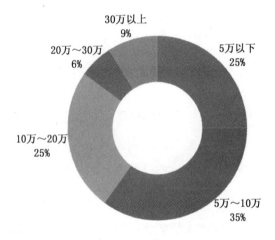

数据来源:网贷之家。

图 4.4　网贷投资人年收入分布

　　网贷投资人这个群体是如何接触了解网贷的? 根据我们的调查问卷显示,55%的投资人是通过媒体了解并最终进入网贷行业的,见图 4.5。尤其是在2012 年和 2013 年这两年,国内媒体开始大量关注和报道网贷,这让越来越多的人知晓了这个行业。这两年,也是平台数量快速增加的两年,为应对竞争而大量投放的广告也在客观上起到了不小的推广作用。我们也注意到,作为中国最有影响力的媒体 CCTV,其每一次对网贷的报道都能给行业带来大量的投资人。虽然多次是负面报道,但也反映了网贷的收益相对于其他理财渠道的诱惑力。即使存在不小的风险,也仍然吸引着不少人进入。而朋友间推荐也是一种极其有效的推广方式,我们注意到2013年春节后,网贷平台的成交量高涨,注册用户攀升,这主要是源于亲朋好友之间的推荐。相比网络上的广告,口口相传更容易赢得信赖,这也是诸多平台重视好友推荐奖励的原因。

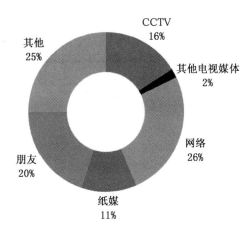

数据来源:网贷之家。

图4.5 网贷投资人接触网贷的渠道

我们还发现,网贷是一种很容易让人"上瘾"的投资理财方式。相当一部分投资人沉迷于网贷,会花费很多时间、精力和金钱在其中。此外,因为这是一个新兴的行业,大部分人都不甚了解,而且行业发展很快,需要不断学习。76%的人每天会花1个小时以上的时间去关注网贷信息,见图4.6。

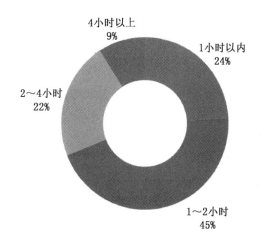

数据来源:网贷之家。

图4.6 网贷投资人每天了解行业花费时间

由于网贷独特的魅力,多数网贷投资人在其资产配置都重仓网贷。34%的投资人将八成以上的资产投入到网贷中,55%以上的投资人将50%以上的资产投入到网贷平台,见图4.7。草根群体的理财渠道有限,可能是很多投资人重仓网贷的重要原因之一。

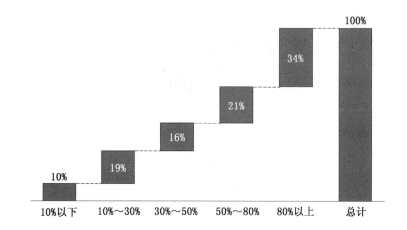

数据来源:网贷之家。

图4.7　网贷投资占投资人的总资产比例

4.1.2.2　投资人投资偏好

根据调查问卷结果显示,年化收益率在20%～25%的网贷平台最受网贷投资人的偏爱,有两成的投资人将资金配置在这个利率区间的网贷平台上。但同时,仍然有接近45%的投资人投资月息3分(年化收益36%)以上的平台,他们试图通过打新和分散投资获得高收益,见图4.8。

之所以会出现这么高的收益率,也与网贷平台数量的快速增长有关。各网贷平台为了快速抢占投资人和占有市场,经常会采用一些活动来吸引投资人。如上线首月发布较多秒标,增加投资奖励,提升投资收益率等。从投资人的利率偏好看,目前借款人的借款成本或者平台的运营成本依然偏高。网贷的长期可持续发展,需要一个均衡、合理的利率水平。目前,一些大的品牌平台的利率水平已经下降到10%～18%,日趋合理;而一些新平台为了吸引投资人,年化收益率往往高达30%甚至40%以上。一些投资人片面追求高收益,而放松了对风险的警惕(58%的投资人愿意投资上线1个月以内的新平台),这也使部分激进投资人在"倒闭潮"中损失惨重。

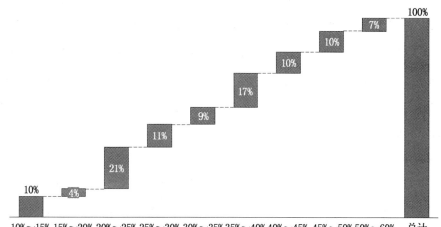

数据来源：网贷之家。

图 4.8　投资人投资平台利率

投资人偏好 1～3 月标，近三成人投资于 1 月标，这可能以卡族(使用信用卡进行投资)居多。但投资人偏好于短期标也显示出投资人对资金安全性的担忧，也有对不明朗经济政策的担忧，见图 4.9。相信随着网贷市场的完善和政策指向的逐渐明确，投资人会放长投资期限。较长的借款期限会给投资人带来更高的收益，省去经常打理资产的繁琐，同时也为借款人用资提供便利。同时，网贷平台会减少拆标，为网贷平台的健康运作创造良好的环境。

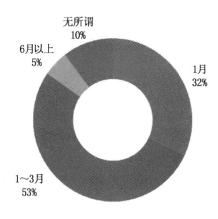

数据来源：网贷之家。

图 4.9　投资人借款期限偏好

在缺乏监管、平台质量参差不齐的背景下,投资人非常看重平台的风险控制能力和手段。投资人考量一个平台时,最看重的是平台的风控能力,见图4.10。风控是金融机构的核心能力,在网贷领域也不例外。即使在网贷领域,抵押也成为风控的第一手段。不少平台最开始可能会有较多信用贷款业务,但在恶劣的信用环境下,信用贷款的坏账率较高,亏损很大,这迫使网贷平台不得不更多地转向抵押贷款业务。信用环境的差异,造成了中外网贷模式的不同。

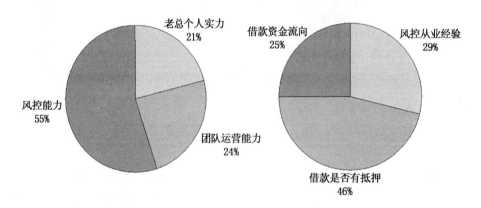

数据来源:网贷之家。

图4.10 投资人考量平台依据

不同于其他金融产品,网贷投资人更认可股东具有民间借贷和担保经验背景的网贷平台,而不是上市公司或金融控股集团背景的网贷平台,见图4.11。可以理解,民间借贷和担保与网贷平台属于同一业务的不同表现形式。经验充分有利于线上基础用户的建立和业务的开展,但频频发生的刻意或非刻意的平台倒闭事件为投资人敲响了警钟。在网贷行业,风险控制和技术安全更加不容忽视,而具有良好金融风控背景的公司在快速变化的互联网金融行业中往往具有更强的缓冲能力。

绝大多数投资人都不会把鸡蛋放在同一个篮子里,他们会通过分散投资来降低风险。有三成以上投资人甚至分散到了9家以上平台,因此他们每天会花大量时间去关注网贷平台的讯息,见图4.12。

4.1.2.3 "倒闭潮"后投资人情况

在经历了2013年10月、11月的"倒闭潮"后,不少投资人因为在这些问题平台投资了资金,在平台资金链断裂或者老板跑路等情况下,造成了无法提现,

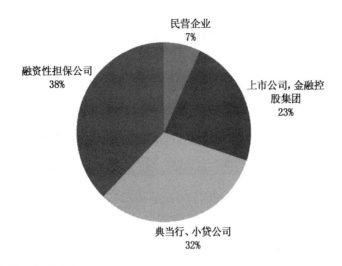

数据来源:网贷之家。

图 4.11　投资人偏好的网贷平台背景

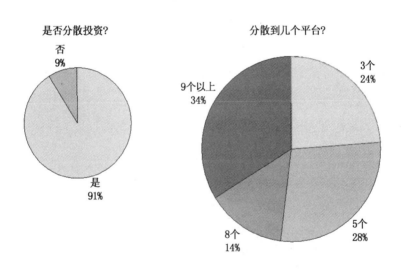

数据来源:网贷之家。

图 4.12　投资人分散投资情况

部分投资人的资金难以收回,网贷投资人也随着平台一起经历了一次洗牌。

之后,我们对网贷投资人又做了一次问卷调查。我们将资金投资但最终无法收回的行为称为"踩雷"。调查结果显示,在踩雷投资人中,59%的投资人只踩了1～2家平台,但同时也有 15%以上的投资人踩雷超过 6 家平台,见图4.13。

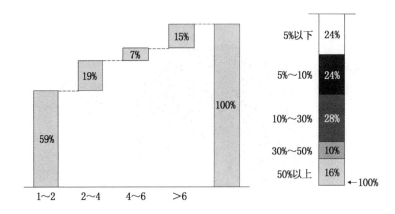

（左：踩雷平台数，右：套牢资金比例）

数据来源：网贷之家。

图 4.13 踩雷投资人情况

在踩雷的投资人里，有 48% 的投资人套牢了 10% 以下的资金，2013 年全年可以勉强不亏损。但同时也有 16% 以上的投资人套牢了 50% 的资金，2013 年的网贷投资对他们来说不再是"幸福"的理财方式了。

绝大多数网贷投资人仍然坚持网贷投资，不过大部分人表示要减少投资金额，并撤离高息平台，投资人信心遭受了少许打击，见图 4.14。另一方面，也说明投资人逐步回归理性，网贷投资闭着挣钱的时代也许已经过去了，未来可能需要投资人花费的更多精力去考量平台和分配资金。

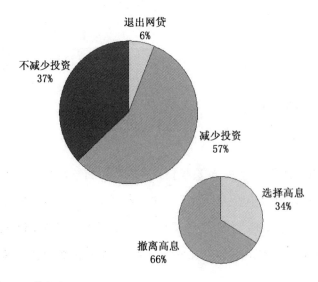

数据来源：网贷之家。

图 4.14 "倒闭潮"后投资人信心

因为出现问题的平台及组团与投资人的行为有密切关系,所以我们也对投资人对于组团的态度做了调查。参与问卷调查的投资人有 16% 的参与过组团,仅有 10% 的人表示会继续参与组团,组团意愿有所降低。

4.2 借款人分析

4.2.1 借款人概况

借款人作为 P2P 网贷行业另外一个重要参与者,是网贷平台投融资链条上最根本的一个节点。借款人群的基本情况,对网贷行业的发展有着举足轻重的作用。对借款人情况的分析,有利于网贷平台更好地对借款人信用风险进行控制。

根据网贷之家采集的 100 家平台的成交数据显示,2013 年网贷借款人数为 16.58 万人,2014 年年初至 5 月累计借款人达到 16.13 万人,几乎与 2013 年全年持平。

纵观网络借贷进入中国的这几年,越来越多的人通过这种新兴的技术手段获得了贷款。从 2007 年仅有拍拍贷一家的两位数借款人,到 2013 年十万级的人数,借款人数呈现指数式增长。2013 年更出现爆发现象,全年累计借款人数是 2012 年的 8 倍以上,见图 4.15。

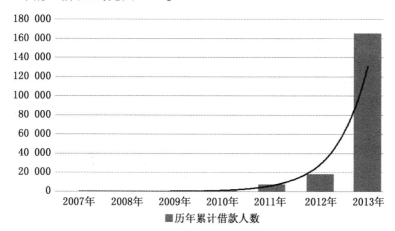

数据来源:网贷之家。

图 4.15　历年累计借款人数(单位:人)

随着网贷行业的快速发展和平台业务的深入开展,各网贷平台借款人数均持续性增长。2014年5月当月累计借款人数超过4万人,而2013年1月初时还不足万人,月复合增长率达到9.7%,见图4.16。

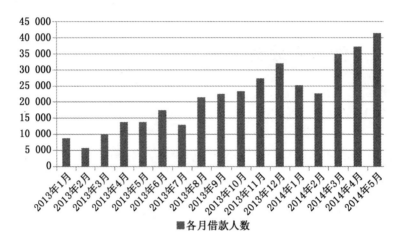

数据来源:网贷之家。

图4.16 各月借款人数(单位:人)

2013年以来100家网贷平台的人均借款金额(包括多次借款)为29.40万元,金额高于通常的个人信用借款额度,这是由于多数网贷平台涉及了大额的抵押贷款和小微企业贷款。各家网贷平台,因其业务模式的不同,人均借款金额差异较大,如图4.17所示。

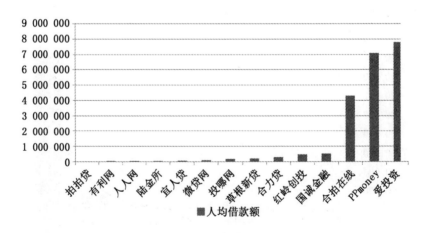

数据来源:网贷之家。

图4.17 人均借款金额

以个人信用贷款为主的拍拍贷、信而富及陆金所，其风控的思路在于小额分散，小额是保证收益可以覆盖损失，分散是对冲风险。所以这些平台的人均借款金额不会太高，均在10万元以下。其中拍拍贷因为线上风控的缘故，其借款人又是整个行业最尾端的部分。网贷平台引入抵押或质押后，人均借款金额得到了提升。以车辆抵押贷款为主的投哪网、微贷网，因为车辆的金额以及抵押率的限定，人均借款金额均在20多万元。以房屋抵押贷款为主的国诚金融，人均借款金额为60多万元。在网贷平台涉及企业融资后，借款金额相较个人贷款金额更大。以企业经营型或周转型借款为主的爱投资和PPmoney，其人均借款金额甚至逼近千万元，见表4.1。从拍拍贷的人均1.3万元到爱投资的人均700万元，目前国内的网贷平台除了大型企业以及大项目融资外，已基本覆盖了多层次的融资需求。

表4.1　　　　　　　　各平台业务类型及人均借款金额分布

平台	业务类型	人均借款金额
拍拍贷	个人信用贷款	小于10万元
陆金所		
投哪网	个人车辆抵押贷款	20万元
微贷网		
国诚金融	个人房产抵押贷款	60万元
PPmoney	企业经营或周转贷款	700万元
爱投资		

数据来源：网贷之家。

4.2.2　借款人分析

4.2.2.1　借款用途

目前，我国的网贷借款人可以分为个人借款和企业借款，其中国内多数平台的借款人以企业借款为主。个人借款多用于个人消费和投资创业。企业借款多为抵押借款，主要用于经营和短期周转。以信而富为例，分析了借款人的资金用途。在信而富的借款中，接近半数人的资金用途为资金周转和扩大经营，这从侧面反映了网贷平台作为目前传统金融体系的补充，服务小微企业主。另外，购车、装修等个人消费用途也占有不小的比重，平台还可以帮助借款人改善生活质量,见图 4. 18。

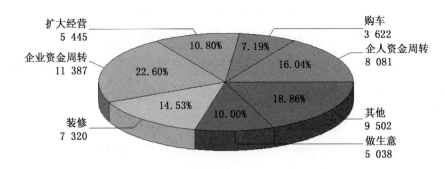

数据来源:信而富。

图 4.18　信而富借款人借款用途分布

4.2.2.2　借款人属性

以信而富为例,统计了 2012～2013 年的成交数据,随机抽取了 50 000 个不重复的借款人信息。针对性别、年龄、婚姻状况、所在地、行业、学历、所在公司规模、收入、工龄、逾期情况等进行了统计。

在众多借款人中,男性占据多数,比例大于 70%,这与目前国内多数企业为男性的情况相符,而女性贷款,尤其是女性的个人消费贷款仍有较大发展潜力。另外,从借款人婚否角度统计,已婚借款人占据 76%,这也许与有资金需求人士的年龄以及平台风控体系有一定联系。在借款人年龄分布方面,如图 4. 19 所示,从 20 岁开始,随着年龄的增长,有借款需求的人越来越多,也说明这个年龄段的人,随着临近"而立"之年,创业或对资金的需求不断增加。在 30 岁左右借款人数达到一个顶峰,许多人在这个年龄需要一笔资金进一步发力或者重新规划自己的事业。之后,随着年龄的渐长,冲击事业的意愿逐渐减弱,借款需求也在逐渐减少。

在借款人的学历中,大专以上学历超过了半数,见图 4.20。虽然高学历人群更能接受在互联网上借款这一新概念,但以目前国内网贷行业发展的状况来看,多数平台还是以线下借款人＋线上投资人的 O2O 形式运营,线下借款人委托平台代为寻找合适的投资人。从普惠金融的角度来考虑,平台需要服务传统银行体系覆盖不到的人群。高学历人群容易有较稳定的工作和收入,借款渠道也比较多样化。网贷平台的正面意义也在于帮助高中及初中学历的创业人士,帮助想创业但缺乏资金的人群实现梦想。

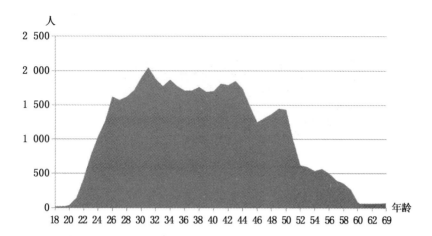

数据来源：信而富。

图 4.19　信而富借款人年龄分布

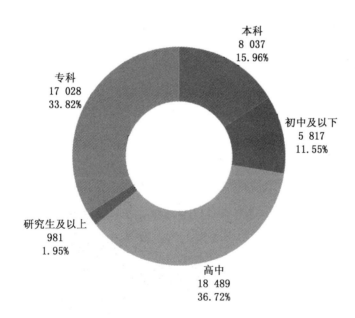

数据来源：信而富。

图 4.20　信而富借款人学历分布

在借款人单位性质分布中，可以很明显地看出民营企业占据了半壁江山，这和网贷平台的服务对象定位是完全一致的。见图 4.21。

因为信而富是一家全国布局的平台，所以其借款人的地域分布比较广泛，除了新疆、西藏等地外，基本上中国每个省份均有人通过信而富平台成功借款，

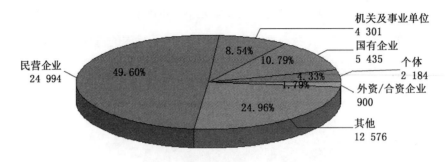

数据来源：信而富。

图 4.21　信而富借款人单位性质分布

见图 4.22。其中山东、河南、安徽、江苏的借款人数居多。这与信而富在不同省份开展业务力度不同有关，也与这些地区长期以来民间借贷需求旺盛有关。反而信而富总部所在地上海的借款人数偏少，可能是上海金融业较发达，资金渠道比较丰富。而青海、云南、广西等省份的借款人数较少，则与经济欠发达或有一定关系。

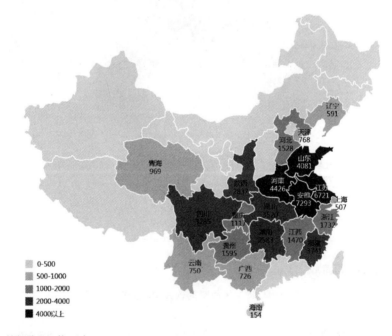

数据来源：信而富。

图 4.22　信而富借款人所在地分布

纵观整个中国网贷行业，多数平台目前还是以总部所在地为主要根据地，借款人多数也是来源于平台所在地。所以平台数量分布也可以从侧面反映全国的借款人分布。目前国内网贷平台借款人主要还是以广东、浙江、山东等沿海经济发达省份为主,在西部地区中以重庆为主,而福建的借款人偏少,借款人资源还有待进一步开发。

从信而富借款人的工作行业来看,零售/批发行业的人最多,因为这个行业的借款人的企业规模较小,多为个体户,且需要的多为短期周转资金,也缺乏足够的抵押物和担保,所以较难从银行获得贷款。网贷平台就为此类人群提供了资金渠道,见图4.23。制造业、建筑装修和餐饮业也是有较多借款需求的行业。而金融业等高端服务行业的人,本身资金渠道较多、收入较好、创业机会较少,所以有借款需求的人最少。

法律/会计,14
商业咨询/顾问服务,108
生物制药,206
文化/体育/娱乐业,271
金融,279
进出口贸易,325
房地产,325
电信/邮政服务业,352
酒店/旅游,383
化工,443
媒体/公关/出版业,453
钢铁业,458
能源,483
汽车业,537
卫生/社会保障/福利业,634
政府机构,737
网络/信息/电子商务,787
农业/水产/水利/环境,831
服装/纺织业,1 210
交通运输/仓储/物流,1 233
文化/教育/培训,1 365
餐饮,1 993
建筑/装修,2 105
制造业,3 181
批发/零售/分销,4 551
其他,27 093

单位:人

数据来源:信而富。

图4.23 信而富借款人行业分布

在借款人的公司规模方面,从比例上来说,有接近1/3的公司人数在10人以下,包括个体户,见图4.24。超过半数的公司人数在10~100人,推测为微型企业。这种规模也与零售批发、餐饮等行业的性质对应,进一步体现了网贷平台对个人和小微企业融资的意义。

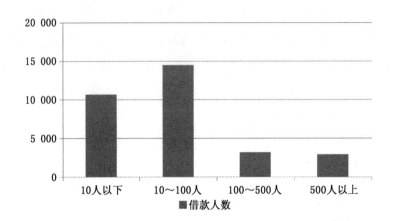

数据来源:信而富。

图 4.24 信而富借款人的公司规模

结合信而富借款人的收入和工龄分布来看,见图4.25、图4.26,月收入2 000~5 000元、工作5年以上的人数最多。这个收入的人群多为青年上班族,他们有一定的想法和技术实力,但也需要一些资金去优化他们的生活和事业。月入5万元以上的借款人占据了第二大比例,可能为已经有一定盈利和积累的个体户和小微企业主。但他们的实力既无法入银行的"法眼",又需要更多的资金去扩大和发展。对于网贷平台来说,开发这些正处于事业上升期的青年的借款需求,不仅有利于扩大自己的业务版图,也具有重要的社会意义。

4.2.2.3 逾期借款人情况

在随机抽取的5万借款人样本中,出现逾期的不到1 500人,按时还款的人数比例约为98%。正如获得诺贝尔和平奖、最早开展"小额贷款"的尤努斯的理念所言,"穷人亦有诚信"。

逾期借款人是网贷借款人中重要的组成部分,研究这个群体的情况对于研究借款人的整体情况尤为重要。借款人逾期的原因,主要有如下四点。

1. 网贷平台借款人资质相对较差

由于网贷平台上的一些借款人是未能从银行获得贷款资格的个人及企业,

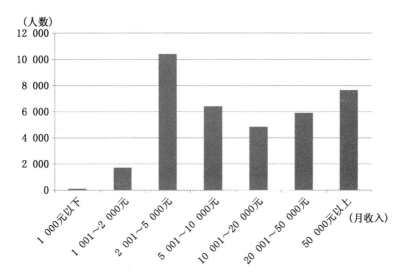

数据来源：信而富。

图 4.25　信而富借款人月收入分布

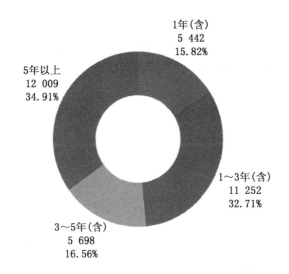

数据来源：信而富。

图 4.26　信而富借款人工龄分布

这类借款人通常资质较差，加之高额的借款成本增大了这类借款人的违约几率。

2. 网贷平台的风控能力及技术不完善

目前存在的网贷平台中，具有较完善的风控能力及技术的平台屈指可数，这加大了筛选优质借款人的难度。

3. 网贷平台间竞争激烈

2013 年网贷平台剧增的同时,平台之间的竞争也愈演愈烈,一些平台为了能够快速占有市场份额,放松了对借款人的筛选标准。

4. 网贷平台与借款人间存在着信息不对称

平台与借款人之间存在着信息不对称。一方面平台无法了解到借款人故意隐瞒的信息,另一方面平台也无法保证借款人借款资金的用途及去向,无法对借款后的借款资金进行贷后管理。

根据网贷之家统计结果显示,目前网贷逾期借款人多以男性为主,占比近六成,这主要与男性的风险偏好、社会地位及承受的压力程度等诸多因素有关,一般而言,男性的风险偏好及社会压力都要高于女性。借款人逾期最多的地区为广东、浙江和山东。一方面由于这些地区的网贷平台较多,由于目前平台选择借款人有地域限制,选择范围往往局限于平台所在地,所以这些地方的逾期借款人数自然也较多。另一方面,不同城市的契约文化、法律文化、经济发展程度不同,这对逾期率也有一定的影响。从图 4.27 可以看出,北京及上海逾期借款人数较少,湖北、湖南、安徽、天津、福建等地的逾期借款人较多。这主要是因为在金融文化程度较高的地区,各平台有更好更专业的风控模型及定价机制,可以有效选择优质借款人,并对借款人的后续风险进行追踪管理。

数据来源:网贷之家。

图 4.27 逾期借款人地域分布

根据信而富统计数据,我们估计不同属性的借款人的逾期比率:

$$逾期比率 = \frac{某一属性逾期借款人数}{某一属性借款人数} \times 100\%$$

图 4.28 显示信而富不同学历的借款人的逾期率。这部分数据分布是与借款人群的学历分布成正比的。

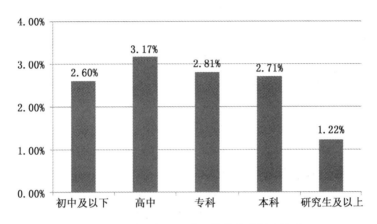

图 4.28　信而富不同学历借款人逾期人比率

图 4.29 显示信而富不同婚姻状况的借款人的逾期比率。已婚的人逾期比率较未婚、离异的人都略低,这与借款人的稳定性正相关,一般来说有了婚姻、家庭的人更重视个人的信用。

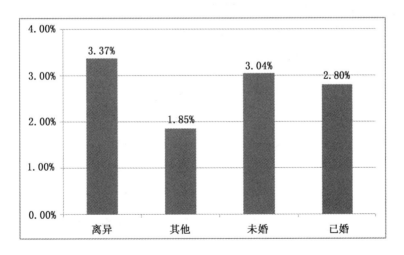

数据来源:信而富。

图 4.29　信而富不同婚姻状况借款人逾期比率

从借款人的职业上看,法律/会计、进出口贸易、制造业分别位居逾期率排名的高位,估计可能与借款人群分布有关(见图4.30、图4.31)。

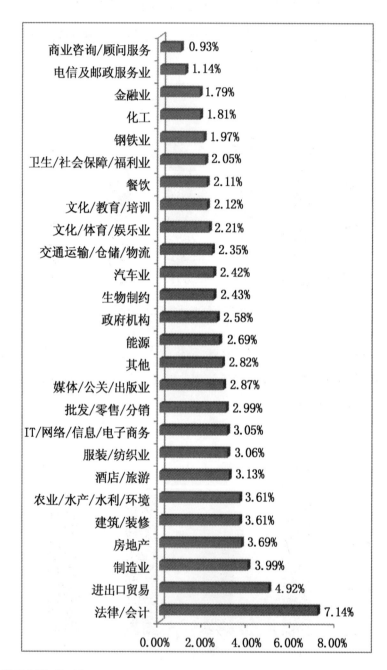

数据来源:信而富。

图4.30 信而富不同行业借款人逾期比率

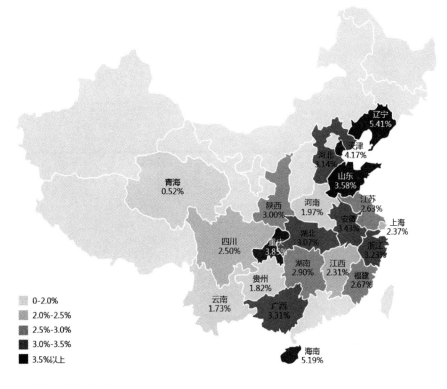

数据来源：信而富。

图 4.31　信而富不同地域借款人逾期比率

第伍章

网贷风险控制与征信系统建设

5.1　网络信贷行业存在的风险

网络信贷行业的几种主流模式中，垂直搜索引擎与在线贷款代理平台由于不直接放贷，因此不存在风险控制问题，而风险控制却正是 P2P 平台的核心竞争力。不同的 P2P 平台风控手段和方法差异也比较大。

其实，目前绝大多数的 P2P 风控还是以传统银行的风控为基础，结合了许多小贷公司的特点，在创新能力上还有待加强。在传统金融模式下，普通老百姓把钱存进银行，并不在乎银行是怎么做风控的，坏账率有多少。因为他们相信银行一定能兑现款项，因为有国家信用作担保。存款也是银行的负债业务，但是对 P2P 公司来说，投资者的钱并不计入 P2P 公司资产负债表，P2P 属于直接融资，所以投资者更应清楚自己的资金去向和平台的风险控制能力。

目前在各家平台公开的数据中，坏账率最能反映平台的风控水平，但是不同平台的坏账率计算公式却千差万别，至今没有统一的标准。在传统金融的计算方法中，坏账率的分子应是坏账金额，较常见的计算方法是逾期 90 天以上的全部未还款部分，分母应是贷款余额，或者叫贷款存量。

但是在 P2P 公司,并不是所有平台都按照这样的公式计算坏账。部分平台把坏账定义为逾期 90 天以上的当期未还款金额。举例子来说,某借款人以等额本息的方式借款,分 12 期还款,如果借款人还了 3 期,剩余 9 期没还,一些平台会把剩余 9 期未还金额全部计入坏账,而另一些平台只计入逾期 90 天的部分,这样从量上,坏账就少了。

关于坏账率的分母。把贷款余额(未还的贷款总量)记为分母是较标准的做法。但是一些平台把全年交易量或者累计交易量作为分母,一般的平台交易量是贷款余额的数倍,分母扩大,则意味着坏账率被人为降低了。因此对于目前各平台公布的坏账率应了解其具体计算公式,否则无法反映其真实的坏账水平。

即使平台的坏账率计算公式采用了较标准的算法,也存在缺陷。其一,信贷具有风险滞后性,一些平台公布的坏账率极低或者零坏账。主要是因为平台新开,风险尚未发生,并非风控能力出色。其二,目前大多数平台经营时间在 2 年左右,因为风险具有滞后性,不排除未来坏账上升的可能。其三,目前 P2P 行业呈爆发式增长,各家平台的交易量贷款余额都在上升,在交易量上升的同时,坏账率可能掩盖了坏账的真实水平。

目前国内 P2P 公司的贷款产品主要有信用贷款和抵押贷款两大类。信用贷款主要看小微企业的或个人的银行卡流水和或者企业的上下游关系,P2P 公司在对这些小微企业做风险把控时一般采用水文模型,由于客户的类型不同,平台风控能力的不同,具体的风控模型也不相同。根据上海网络信贷服务企业联盟的数据统计,目前联盟内的 P2P 公司风控能力大致相当,其中信而富因其前身是为国内多家银行及发卡机构提供专家咨询、策略开发、模型评分和 IT 系统实施服务,拥有先进的风险管理咨询水平和长达 10 余年的业内经验,占据全国信贷金融体系半壁江山的市场规模和全国第一的信贷决策管理体系,其所拥有的国际先进水平的风险控制能力已在全国居于领先水平。

联盟中上海新新贷的小微企业和个体工商户的贷款占全部贷款的 90%。与传统银行贷款注重固定资产抵押不同,新新贷更注重审核客户的个人信息,拓展信息数据分析维度,对用户还款能力和违约概率做出预判。新新贷通过抓取各种用户信息,如婚姻状况、年龄、职业信息、收入情况、教育背景、成长环境、企业经营年限、企业所在行业上下游环境等,对各类数据进行分析来建立模型。新新贷把借款人的每一个信息维度视为一个点,与每个点呈正相关或负相关的信息集合视作一条线,将所有信息线视作一个面,以点带线,以线带面,从创立时近60多项信息维度已经拓展到近150项,未来将把这些维度扩张到1 000项。这些信息中绝大部分可以通过系统审核,通过对借款人全面的分析,并比对借款人同业中其他借款人过去的数据,可以获得对客户欺诈可能、违约概率、额度控制的重要参考。由于新新贷的贷款用户多为个人,个人信用的评估是多方面的,新新贷亦尝试把心理学评估的方式引入风控模型的数据维度。

新新贷还有一些创新的方法。首先,新新贷会为每一位借款人购买保险,一旦借款人在债权期内意外身亡,其债务由保险公司代偿。其次,新新贷为遏制借款人跨平台借款,小微企业借款人在借款成功后需提供此后3个月的经营流水,确保借款人没有因过度负债而导致无力还款。再次,新新贷已经与深圳鹏元征信系统、上海资信合作,逐渐完善P2P个人征信共享机制。最后,新新贷对单个借款人的贷款额度严格控制,采用大数法则,对借款人的借款需求采用小而分散的原则,首次借款客户的额度不超过30万元,2013年新新贷平均借款金额约为14万元人民币。

为了保护出资人的利益,新新贷对每笔交易计提3%的风险准备金,并由光大银行上海分行托管,如果借款人发生逾期30天未还款的情况,新新贷的风险备用金会先行垫付给出借用户,同时新新贷贷后管理部门会继续对该笔逾期借款进行催收催缴,将追回的资金重新放回风险准备金中。目前新新贷的坏账率计算方法为上海网络信贷服务企业联盟提供的计算公式,2013年坏账率约1.6%,用户借款逾期催收成功率约40%。

联盟中的另一家纯线上模式"拍拍贷",作为国内第一家P2P互联网借贷平台,借贷、授信、风控、放款的全部在网上进行。国内其他P2P平台的风控流程,即使投资者与借款人之间不见面,平台的信贷信息人员和风控人员也会与借款人进行面谈。但是拍拍贷的风控平台和投资者在不见面的前提下完成与借款人的交易,这对风控的要求就更严格了。

拍拍贷平台上的贷款主要是个人纯信用无抵押贷款,服务的对象有个体工商户、电商卖家、个人消费群体、学生等。在这种模式下,借款客户可以直接在网上向平台提交个人信息、借款用途等,拍拍贷则主要完成审核的资料真实性、判定违约风险后,审批贷款额度,借款人如果是自己在拍拍贷的平台上发布借款需求,则拍拍贷会在满标后审核借款人的资质,并决定借款是否成功,如果是渠道合作伙伴的客户,拍拍贷一般是先审核,再发布借款需求。拍拍贷会根据用户的借款次数做信用分级,例如首借用户是 HR 级,随着借款次数的上升,信用评分从 E 级开始、提升到 D 级、C 级、B 级、A 级。这些评级是拍拍贷用户评估借款人的最主要依据。

拍拍贷最主要的风控理念是,如果借款人的违约成本大于他的授信额度,那么这笔贷款就是安全的。在具体的信用评估过程中,拍拍贷根据借款人的信用,评估借款人的还款能力和还款意愿。央行的个人征信系统尚未向 P2P 平台型公司开放,拍拍贷需要做大量的信息采集工作。例如拍拍贷创新地采用用户自己录制视频上传到拍拍贷平台的方法,对用户有足够的约束力,又例如拍拍贷首创了目前 P2P 平台中最流行的黑名单制度。即一旦借款人逾期还款超过 30 天,拍拍贷视为用户违约,会把用户提交的大部分个人信息在平台上进行曝光,借款人的信息会在搜索引擎中被查看到,也会被其他 P2P 平台或银行搜索到。2012 年,拍拍贷有一位逾期超过 1 200 天的用户因为互联网上个人违约信息被银行发现而不得不还款。

由于拍拍贷的创始人具有理工科背景,但是对传统民间借贷并不熟悉,所以他们更愿意通过互联网技术的手段,完成风险控制的核心。由于拍拍贷是国内最早的 P2P 平台,也是用户数最多的平台,积累到足够多的用户数据后,拍拍贷对借款人的违约概率可以进行较为系统性的判断和计算。因为拍拍贷的用户主要通过互联网获取,所以用户在注册拍拍贷以后,拍拍贷的后台就会自动跟踪用户在互联网上留下的各种公开信息,例如 IP 地址、浏览器使用的版本、在其他网站的浏览信息等。通过这一系列的数据分析为之后的信用审核做评分依据,再计算借款者的违约可能性对借款人的信用额度作出评估。

由于拍拍贷最主要的是通过互联网完成个人的信贷服务,所以拍拍贷对互联网渠道的依赖度特别高。如果渠道方对用户本身具有约束力,拍拍贷对借款用户的风险控制能力也能相应提升。

拍拍贷也是国内最早教育用户分散投资的 P2P 平台。当国内大多数公司采用计提坏账准备金、平台担保、第三方担保的方式保障出借人投资收益的时候,拍拍贷教育用户用分散投资的方式分散风险。拍拍贷的出借人用户如果投标满 50 个以上(同一标的重复投资不计),每笔借款的成功出借金额小于 5 000元,且小于该列表金额的 1/3,如果在这样的情况下投资者依旧亏损,则拍拍贷补偿投资者亏损的本金部分。目前这一本金保障的方法被上海的点融网效仿,点融网对这一方法做了拓宽,对本金保障的条件设置更低。

拍拍贷也是国内第一家采用大数据做信用评分的 P2P 公司,目前拍拍贷把自动抓取和用户提交的信息分成 300 多个维度(亦说有 2 000 个左右维度),对借款人进行各个面的分析,并取得了不错的进展。国内的人人贷、你我贷等P2P 公司最早也尝试完全在互联网上完成借贷交易,但是因为互联网上借贷的风险不易把控,故相继选择把风险把控的工作转移到线下。

整体来说,目前上海网络信贷服务企业联盟旗下的企业大多采用小额、纯信用、无抵押的方式为借款人授信服务。此外,国内较多平台还是采用资产抵押的传统金融模式,尤其以房产抵押为主的平台,如果经济周期发生变化,平台的抵押项目亦会受到较大的冲击,如果借款周期过长,则风险不易把控。故P2P 平台中,以投资抵押标为主的出借人,一旦出现房价下跌等系统性风险影响,并不能保证投资的安全。

5.2 征信体系对网络信贷行业的影响

5.2.1 国外征信系统在网络信贷领域的应用

美国个人信用服务机构实行的是自由的市场运作模式。整个美国有 1 000多家当地或地区的信用局为消费者服务,但这些信用局中的绝大多数或者附属于 Equifax、Experian 和 Trans Union 三家最为主要的征信局,或者与这三家公司保持业务上的联系。而这三家征信局均建有覆盖全美国的数据库,包含有超过1.7 亿个消费者的信用记录,从而在事实上形成了三家征信局三足鼎立的局面。这也构成了美国信用局制度的核心。美国的信用体系建设、信用消费评估都已相当成熟,信用体系也面向所有机构开放。因此,美国的 P2P 网贷平台可以直接借助信用评分来辅助决策。

Prosper 是迄今为止名气最大的 P2P 网贷服务平台之一,该平台客户参照借款人在 Experian 信用评级公司的信用评分确定借款信用等级。Prosper 信用等级共分 7 级,从最高的 AA 级到最低的 HR 级。信用等级越高,能得到的借款额度越高,借款期限越长,借款利率越低。

表 5.1　prosper 不同信用等级所对应的借款额度及借款期限

Prosper 等级	<= $ 4 000	$ 4 001— $ 10 000	$ 10 001— $ 15 000	$ 15 001— $ 20 000	$ 20 001— $ 25 000	$ 25 001— $ 30 000	$ 30 001— $ 35 000
●AA	3 年,5 年	3 年,5 年	3 年,5 年	3 年,5 年	3 年	3 年	3 年
●A	3 年,5 年	3 年,5 年	3 年,5 年	3 年,5 年	3 年,5 年	3 年,5 年	3 年,5 年
●B	3 年,5 年	3 年,5 年	3 年,5 年	3 年,5 年	3 年,5 年	3 年,5 年	3 年,5 年
●C	3 年,5 年	3 年,5 年	3 年,5 年	3 年,5 年	3 年,5 年		
●D	3 年,5 年	3 年,5 年	3 年,5 年				
●E	3 年,5 年	3 年,5 年					
●HR	3 年,5 年						

资料来源:Prosper。

对于借款人来说,Prosper 平台的借贷流程非常简单。凡是具有美国合法公民身份、Experian 评分超过 640 分、社会保障号、个人税号、银行账号的注册客户,均可以从事 Prosper 平台内的借贷交易。借款人在 Prosper 网站注册后,会获得自己在 Prosper 平台上的信用评级。信用等级将直接关系到借款利率,通常放款人更愿意以较低利率借钱给高信用等级的人。

之后借款人就可以将自己的个人情况、借款理由、借款金额、还款时间和还款方式放在 Prosper 平台上,最后设定一定的最高借款利率进行竞标,放款人利率低者胜出。借款人通常可以申请特定利率下 1 000～35 000 美元的无担保借款。

Prosper 的借款违约率在 2009 年年中之前曾经很高,因为它包含了信用评分低至 520 分的借款人。之后,Prosper 将借款人申请借款的信用评分上调到640 分,并研发了一套自有的风险管理系统,其中融合了征信机构提供的数据,包括从先前借款中收集而来的数据和借款人的信用评分。

Lending Club 是美国目前最大的 P2P 网贷平台。Lending Club 于 2007 年 5月在美国上线,其经营的基础是网民联络平台的高传播特性及朋友之间的互相信任,使用 Facebook 应用平台和其他社区网络及在线社区将放款人和借款人聚合,拥有千万用户。Lending Club 具有固定的借款利率及平均三年的借款年限。借款人在进行借款交易前必须要经过严格的信用认证和 A~G 分级。放款人可以浏览借款人的资料,并根据自己能够承受的风险等级或是否是自己的朋友来进行借贷交易。Lending Club 不采取竞标方式,而是根据借款人不同的信用等级有不同的固定利率(见本书第一章图 1.7)。

Lending Club 主要是根据借款人的社会保障号、FICO 评分 660 分以上和信用报告(报告内容包括涵盖 36 个月信用记录历史等)等内容进行综合评分。平台上的利率设定根据借款等级和期限的不同而变化,总体水平是在 6.03%~24.89% 浮动,Lending Club 将借款分为 A、B、C、D、E、F、G 七个等级,每个等级下面又具体分为 1、2、3、4、5 五个等级。

美国是典型的信贷消费型国家,Prosper 和 Lending Club 的借款用户基本上是在非常宽松的借贷环境下仍然信用不足的人,即"次级中的次级"。虽然无抵押、无担保却在网上轻松完成借贷,正是受惠于美国良好的社会征信体系。

5.2.2 我国征信体系建设现状

我国征信体系建设充分借鉴、吸收了国外同类模式的优点,结合中国经济运行的实际情况,实现了由点到面、由同业征信到联合征信的渐进式发展,目前已形成了一定的规模,发挥了积极的作用。

世界征信业发展至今,主要有三种模式:即美国为代表的市场主导型模式、欧洲的公共征信模式和日本的会员制模式。

5.2.2.1 市场主导型模式

市场主导型征信体系模式的主要特点是,征信公司采用完全市场化的运作模式,政府只负责对征信业进行必要、有限的监管。

在美国,征信公司通过广泛地采集各类信用信息,根据信用市场的需求将信用信息整理、加工成为信用报告、信用评级、信用评分、信用监控等一系列信用产品,为金融部门、工商企业、投资机构等提供信用信息的咨询服务,成为它们评价个人和企业信用状况并进行授信决策的重要依据。

5.2.2.2 公共征信模式

公共征信模式是以中央银行建立的中央信贷登记系统为主体,兼有私营征信公司的社会征信体系,该体系以德国和法国等一些欧洲国家为代表。中央银行信贷登记系统主要是由政府出资建立的公共征信公司,具有基础性地位,只为中央银行进行金融监管和执行货币政策以及商业银行控制信贷风险服务,只有被授权的中央银行职员,以及商业银行等金融机构被授权的职员才可以使用中央信贷登记系统。民营征信公司在中央银行信贷登记系统服务范围以外的领域自行发展。

5.2.2.3　会员制模式

日本采用的是以行业协会为主建立信用信息中心的会员制模式,为协会会员提供企业和个人的信息互换平台,通过内部信用信息共享机制实现征集和使用信用信息的目的。信用信息中心不以盈利为目的,依靠法律和行规运作,只有会员才能得到信用信息中心提供的信息和服务。

中国征信的格局比较类同于欧洲模式,即中国人民银行建设了全国统一的个人与企业信贷登记系统。在 1992 年贷款证制度、1999 年个人征信上海试点、2002 年银行信贷登记咨询系统三级数据库的实践基础上,人民银行于 2004 年开始组织商业银行启动金融信用信息基础数据库建设工作,并于 2006 年 1 月和 6 月正式宣布全国联网运行,提供查询服务。

自 2006 年以来,人民银行金融信用信息基础数据库接入机构不断扩充,收录信息数量快速增长,数据质量稳步提升,数据查询量大幅提升。截至 2012 年底,个人信用信息基础数据库累计接入机构 629 家,个人信用信息基础数据库为 8.2 亿个自然人建立了信用档案,企业信用信息基础数据库为 1 859.6 万户企业和其他组织建立了信用档案,收录的自然人和企业的信息数量居世界各征信机构之首。

5.2.3　建设适合中国网络信贷市场的征信系统

国外投资人通过网络信贷平台获得的平均回报通常高于银行利息,资金需求方通过平台融资的息费水平通常低于或与传统融资成本持平,互联网对流程的优化,使得节约下来的中间成本造福了资金融通的两端。

相对而言,国内网络信贷平台(一些电商自建的融资平台除外)虽然也为草根投资人提供相对高回报的投资工具,但付出的代价却是借款人高额的息费水平。在正规金融资源由于利率管制无法导向小微企业的前提下,以牺牲融资两端一方利益的前提下造就了当前网络信贷行业的生存空间。可以说,当前中国大部分网络信贷企业的存在是国内利率管制特殊时期的产物。

中国网络信贷行业的融资笔数和总量已初具规模。抛开网络信贷行业健康与否的问题不说,网络信贷企业在对小微企业、中低收入人群融资难问题上做出的探索值得肯定。但网络信贷企业要走出目前的格局,单靠自身的努力远远不够。国外网络信贷平台可以免除线下尽职调查的高额成本,可以做到信审流程高度自动化,可以控制风险而不担心资金来源,因为这一切都源自于国外较为发达征信体系的支撑。

随着国内征信服务的介入,未来国内网络信贷企业将不必背负如此重担前行。在征信系统的助推下,网络信贷企业只要充分利用互联网技术,发挥互联网的特点与优势,做好其"金融居间人"的本业,就能得到健康的发展前景。

网络信贷服务对象的特殊性必然导致不同的征信需求,这使得网络信贷征信服务在以下领域的探索具有重大意义:

(1)征信主体的层次要前移,要覆盖传统银行服务不到的领域。直白地说是为中低端或高风险人群,以及初次进入信用领域的群体建立信用档案。

(2)探索更为便利的征信服务方式。互联网技术已经非常成熟,基于互联网的收集信息、提供服务是将来征信服务的技术趋势。

(3)创新的风险评价模式。网络社会中个人的行为方式,已经在电商平台、社交网站、网络工作工具及渠道上留下痕迹,基于此类信息开发有效的风险模型,是对传统风险评价方式的重大突破。

5.3 征信系统的建设要点

5.3.1 网络信贷征信系统的特征分析

5.3.1.1 征信系统的规范化和标准化

完备的法律法规和行业标准,是征信行业健康发展的保障。个人和企业征信涉及个人隐私和企业商业秘密,行业大规模数据集中后还关系到整个行业甚至是国家的信息安全,从业机构及人员的行为应当严格规范。在目前征信法规陆续出台的情况下,征信系统建设更需要发挥标准规范和管理市场的作用,通过对信息提供者、征信机构和信用信息使用者等方面进行规范,有效保护被征信人合法权益和信息安全,维护征信市场秩序,提高征信产品质量,促进征信体系健康发展。

征信标准化是保证系统的高效率、高起点建设与发展的一项十分重要的基础工作。征信标准化能够保证系统有效、规范的运作秩序,解决资源共享问题,制订共同的和重复使用的指导性文件或规则的活动,包括标准的制定、实施和对标准的实施情况的监督等。

征信标准体系分为基础标准分体系、信息技术标准分体系、业务标准分体系、服务标准分体系、安全标准分体系。

在基础领域涉及对征信数据元的规范、征信术语、征信标准体系的制定等标准;在信息技术领域涉及信用信息共享、系统互联互通、信息安全类等技术标准;在业务领域涉及对征信业务开展的相关流程进行规范,包括信用调查业务规范、信用登记业务规范、信用评价业务规范、其他征信业务规范以及征信产品标准等标准;在征信服务领域主要涉及对征信机构为客户提供服务过程中的行为规范,包括征信服务合同格式规范、征信产品使用规范、征信服务争议处理程序等标准;安全标准分体系是针对征信活动中信用信息的采集、加工、使用、披露过程中的信息安全以及其他可能造成相关当事人损害的行为进行规范,主要包括物理安全标准、安全防护标准、安全管理标准、安全检测标准等。

现代征信系统是利用信息技术和计算机网络的高科技行业,而信息技术发展速度快,技术更新快,信息化也必须有标准化的支持。标准化对促进信息跨系统跨行业共享,规范征信业务活动,推动征信体系建设将发挥重要作用。为实现各级、各类数据交换平台与征信系统的互联互通、信息共享,保障个人和企业信用信息基础数据库采集范围和提供服务领域的不断扩大,加快推动规范化和标准化工作已成为征信系统建设的重中之重任务。

此外,国内不少网络信贷平台的风险管理理念及技术实力仍处于较低水平。征信平台推行信息共享的过程,本身就是在形成全行业统一信息标准的过程。网络信贷企业要把自身每一笔业务转化为征信平台收集的信息数据,这对于网络信贷行业规范经营是一种帮助与推动。

5.3.1.2　征信系统建设的长期性

征信系统存在一个数据瓶颈点，只有系统累积信息超过某一规模，才能发挥规模效应。征信的核心是数据，而数据的核心在于积累，数据样本越大，规律性更强，价值也更大。网络信贷是新兴行业，无论是时间上还是交易量上，都无法在短期内大规模归集信息，网络信贷征信系统的成长主要依靠网络信贷行业的发展和壮大，这可能需要一个较为漫长的积累过程。

征信体系配套机制建设是一个长期的过程。首先，从国内个人信用发展的实践来看，征信法律法规的建立健全仍需完善，全社会需要建设良好法律环境，以保证信用体系的健康发展，这是一项艰巨而长期的任务。其次，由于网络信贷征信系统有专业的数据采集应用接口，网络信贷机构将征信信息纳入到其个贷业务流程中去，是一个巨大的挑战，不仅业务流程上需要进行变动，甚至在业务部门的组织架构上都需要进行一定的调整。再次，从个人征信的基本概念到个人数据和隐私权的保护，也是 P2P 行业发展而面临的一个新课题。

5.3.1.3　征信数据的准确性要求

只有采集信息准确无误，才能正确反映被征信人的信用状况，保证对被征信人的公平。准确性原则反映了征信活动的科学性，征信系统应采取适当的方法核实原始资料的准确性，这是征信工作最重要的条件。征信系统应基于第三方立场提供被征信人的历史信用记录，对信用报告的内容，不妄下结论，在信用报告中要摒弃含有虚伪偏袒的成分，以保持客观中立的立场。基于此原则，征信系统应给予被征信人一定的知情权和申诉权，以便能够及时纠正错误的信用信息，确保信用信息的准确性。

服务于网络信贷机构的信贷风险管理系统中部署的信贷策略是否有效，最终体现在对风险预测的准确性。在输入变量、输出变量、决策模型及决策树等部署功能中，最为重要的是决策模型环节，这是征信系统向网络信贷机构提供的核心服务。征信系统一旦缺少样本数据或者数据不够准确，就难以形成有效的决策模型。目前，网络信贷征信系统处于数据积累阶段，提供个人信用记录是该系统现阶段的主要功能。

信用数据是征信系统的核心，对征信系统运营及服务至关重要。获取并维

护高质量数据需要从制度、技术等多个方面入手,具体措施如下:

(1)严格按照数据采集规范接口进行数据采集,对不能按照要求提供数据的网络信贷平台宁可先不采集也不能放松规范要求。

(2)重视与数据来源方的沟通和交流。对数据质量问题要积极主动地进行沟通协调,从源头上控制好入库数据的质量。

(3)进行严格的数据校验和数据清洗,清洗掉那些不符合要求的数据,并将清洗结果反馈提供数据的机构,在修正之后再进行采集。

(4)对重点信息资源机构进行特别关注,确保其数据能够及时入库,形成数据采集的协同效应,以大带小。

(5)及时处理每日新增数据的反馈报文错误,按时完成当期两端不一致数据的纠正工作,杜绝问题累积,确保数据始终优质。

5.3.1.4 全行业认同的重要性

网络金融征信平台有"一处失信,处处制约"的威慑效果,得到全行业认可至关重要。随着系统行业全覆盖及信息量的不断丰富,征信数据帮助借贷机构加强风险控制、降低交易成本的效果才会越来越明显。如果征信平台得不到行业认可,容易造成行业与征信平台之间的恶性循环,即 P2P 机构因为征信平台数据量不足而拒绝或排斥向征信平台共享信用数据,而征信平台无法积累到足够的数据也将影响其信用报告的完整性,从而削弱对行业风控指导作用。

在征信平台建设过程中,容易碰到的困难体现在以下几个方面。

(1)持观望态度

因眼前利益不大或对征信平台信任度不够,部分网络信贷机构不愿提供自有数据,存在比较严重的观望、等待情绪。

(2)接入机构内部思想不统一

在接入征信系统的问题上,部分网络信贷机构存在着总公司与分公司的态度不一致,上层与下层的认知不一致,市场部与风控部的意见不一致。

(3)存有技术困难

部分网络信贷机构技术层面存有难点,第一种是仍采用手工记录或是 EX-CEL 表格记录的机构,该类机构无接口开发能力;第二种是采用购买信审系统模板及数据库外包的方式,机构自身技术能力较弱,也无法自行开发接口报数;

第三种是拥有自身的技术团队,有一定的开发能力,但由于是网络借贷业务,技术能力主要偏向于网络环境,数据库方面的技术力量相对不足,因此开发接口也存在一定的困难。

要解决上述问题,需要全行业和征信平台共同努力。一方面,从行业建设角度统一认识,以法律法规或行业自律公约予以约束,加以引导;另一方面,加强征信系统与行业需求的衔接,引入其他渠道资源予以补充,包括政府公共信用信息或其他成熟征信平台数据的辅助支持,不断改善和提高基础数据库的数据质量和内容。

5.3.2　网络信贷征信系统的运营模式

征信系统的本质是为信用市场提供信用信息交流与共享的机制,以促进信用信息的合理使用以及信用资源优化配置。了解国际信用信息交流与共享机制的形成及其作用,将有助于解决信用信息系统建设与运行中的一些关键问题,并对促进征信业务的快速发展具有重要意义。

5.3.2.1　国外模式介绍

欧美一些国家及韩国国内大多数规模较小的融资服务机构,如 P2P、小贷公司、消费金融公司、财务公司、担保公司及部分发卡机构,均采取风险管理外包的模式。即小贷机构无需设立风险管理的职能部门,对信贷风险进行判断、审批、合同管理、贷后及催收均由征信机构提供,融资服务机构只需开拓市场,并收集信贷审批必要的资料。这种模式具有以下优点:一是解决信贷政策在执行过程中的规范性和统一性问题;二是提升识别与量化风险的能力;三是减少系统开发与运维的投入;四是实现系统自动生成征信标准数据的功能。这种模式可以增加此类机构与征信机构合作的黏性。

征信机构一般通过开发与推广"信贷风险管理系统"实现对规模较小的融资服务机构的服务,如韩国的 NICE 公司开发的信贷审批服务产品"ASP",意大利 CRIF 公司开发的"Strategy One"。

"信贷风险管理系统"主要包含两大功能:

一是后台信贷策略部署功能。用户可以通过"信贷风险管理系统"在征信机构提供的服务器上部署本机构的信贷策略,包括:信贷管理所需要的基本变量、输入变量、输出变量、决策模型及决策树。部署过程简单易操作。用户也可以采用"信贷风险管理系统"预设的标准策略完成部署,并允许进行"冠军—挑战"多策略同时并行的方式不断优化策略。

二是前台操作平台功能。用户安排操作人员通过"信贷风险管理系统"的服务终端登陆操作平台,并对不同的岗位赋予不同的操作权限,按照后台策略部署的流程完成信贷审批、贷后、催收及合同管理的全过程。

5.3.2.2 国内模式探讨

国内征信业起步晚,在征信法规、征信体系和数据应用等诸多方面与国际存在差距,这也造成网络信贷征信系统建设需要分步推进。

第一步,基于网络信贷行业特点,由第三方征信机构开发专业的网络信贷征信系统,初步消除行业内部借贷信息盲区,支持行业内部数据共享,防范或减少借款人恶意欺诈、过度负债等信用风险。

网络信贷的客户主要为小微企业和中低收入人群,这些用户是一般不被正规金融机构所接受的金融弱势群体,在网络信贷领域找到了融资突破口。网络信贷征信系统首要工作就是通过网络信贷平台将这些零星的、散落在各个角落的小微企业和中低收入人群的信用归集进行记录。这些基础性工作,开展起来较为艰难,但却极有意义。为该群体建立信用档案,将为网络信贷机构转化为金融正规军搭建了一座桥梁。

第二步,在网络信贷机构的合法地位确立的基础上,实现网络信贷征信系统与央行征信系统的对接,实现金融信贷领域征信数据的全覆盖。

接入央行征信系统优势明显。一是可以缩短贷前审查时间。在接入央行征信系统前,需客户本人直接去人民银行进行查询打印,花费客户大量时间,公司平均取得报告则需 5~10 个工作日,接入征信系统后,查询时间仅需 1~2 分钟即可完成,既节约了客户的时间,也节约了审批时间及人员成本,贷款审批只需 1~2 个工作日即可完成。二是可以防范信贷风险,缓解信息不对称问题。三是信用贷款业务增速较快。接入征信系统后,公司能全面及时地了解企业和个人的信用记录,可以加速发放信用贷款业务。四是有利于规范该新兴行业的发展,为企业提供良好的发展环境,减少潜在风险。

第三步,实现网络信贷征信系统的功能延伸,建立托管型小额信贷业务管理平台。基于该平台,网络信贷机构将无需设立风险管理的职能部门,对信贷风险进行判断,审批、合同管理、贷后及催收均由征信机构提供托管系统提供支持。

这种模式具有以下优点:一是解决信贷政策在执行过程中的规范性和统一性问题;二是提升识别与量化风险的能力;三是减少系统开发与运维的投入;四是实现系统自动生成征信标准数据的功能。这种模式尤其适合服务于规模较小的网络信贷机构。

5.3.3 网络信贷征信系统的基本架构

5.3.3.1 数据采集范围

历史信用记录既包括正面信息,也包括负面信息。正面信息指客户正常的基础信息、贷款、赊销、支付等信用信息;负面信息指客户欠款、破产、诉讼等信息。负面信息可以帮助授信人快速剔除信用记录不良的客户,正面信息则能够从更多角度反映客户存在或维护的信用记录的状况。

历史上,大部分国家的征信都是从收集借款人的负面信息开始的,随着各国征信环境的逐步改变,许多国家,如美国、德国、意大利、加拿大等,已经开始充分认识到全面信用报告在拓展信贷市场的范围、提高决策效率、促进市场竞争中的好处,允许正面信息和负面信息都进行传播和共享。而在另一些国家和地区,如比利时、法国、澳大利亚、韩国、中国香港等,出于对客户隐私的保护,只允许征集消费者信用的负面信息。但只采集负面信息不仅使征信机构的业务发展受到很大制约,而且也无法为金融机构的授信决策提供更多帮助,因为负面信息只能说明一个消费者过去的还款能力和还款意愿,却无法判断消费者管理自身信用的能力。

全面采集正负面信息,不仅有利于金融机构更好地防范风险,而且有利于保护消费者利益,降低消费者因过度负债所带来的各种负面影响,客观上也会推动征信市场的发展。全面信息的优势主要在三个方面:一是可以防止消费者过度负债,从而更好地保护消费者;二是有利于金融机构进行风险控制,并为其拓展金融业务服务,降低贷款利率;三是有利于公平授信。从世界范围看,目前绝大多数国家的征信机构都可以采集正面和负面的信息,只有少数国家只允许采集负面信息。在只允许采集负面信息的国家,有些国家(比如法国)也在考虑是否可以采集正面信息以更好地促进金融市场的健康发展。

5.3.3.2　基本功能

网络信贷征信系统是所有 P2P 机构借款人信用信息交换与服务的枢纽,不仅要满足 P2P 机构自身服务需求,还要为未来与央行征信系统对接提供技术支撑。因此,网络信贷征信系统的功能设计至关重要。其应用技术应在当前以及未来能够充分满足业务的发展要求。系统功能必须具备:

(1)先进性,能够提供面向服务的信息交换;基于 XML 消息技术;基于 DT 业界主流技术。

(2)高效性,允许快速的配置和维护;能够显著加快应用软件的开发速度,降低项目开发及升级成本。

(3)可靠性,支持系统的容错及冗余。

(4)可扩展性,能够提供各种类型的信息交换接口,并能实现集中管理和接口状态监控;可以按照未来业务需求进行配置、部署、运行、实施和管理。

(5)安全性,支持 SSL/TLS 标准,能够实施安全有效的数据传输管理;可以与第三方的 PKI 系统集成。

(6)规范性,遵从国际上通行的互联网规范。

(7)兼容性,独立于常用的硬件平台(主机、服务器、微机等);支持不同的软件运行环境。

(8)开放性,无需对其他软件做特殊修改;遵从标准化和开放体系结构。

(9)标准性,统一标准接口和协议。统一的标准数据交换接口能够适应数据源的数据多样性;信息交换和消息传递尽量使用业内标准的协议,如 TCP、HTTP、XML 等;支持现有信用数据源的信息交换模式。

网络信贷征信系统应主要配备以下功能:

(1)对于来自不同数据来源信用信息的采集。

(2)系统能从实际出发,支持联网(非联网)、实时(非实时)、批量(非批量)、电子化数据传输等方式的数据采集方式。

(3)系统能根据标准接口规范的校验规则库、容错规则库中的规则自动对采集的数据进行格式校验、冲突处理及容错处理。

(4)提供可视化工具,对所有系统可能用到的规则,如容错规则、校验规则、计费规则、信用预警触发规则、系统管理规则进行设置和更改,不需要通过编程实现;对于其他的如信息分类、权限分配也需要可视化工具实现。

(5)部分信用产品做到在可视化工具中的可配置性,新增修改产品无需通过后台再开发实现。

(6)预留与央行征信系统对接接口,并制定完备的对接规范,包括数据的提供与调用。

5.3.3.3 建设与运维

征信系统建设工作包括建设基础数据库和相应的运维体系,具体流程和工作包括如下:

(1)研究确定信用基础数据库结构体系。科学合理的数据库结构设计可以提供便利的信息采集、整合及查询方式,便于后续的应用开发和数据分析,是系统建设的核心技术。

(2)梳理信息资源的归属情况及可获取情况,研究符合实际的数据采集路径。信用信息来源及更新是系统运行的基础,必须以法律形式保障信息的采集和更新,确保信用信息的完整覆盖和及时更新,形成长效机制。

(3)系统开发。包括数据库、应用、网络、安全等相关开发,如需外包,则需要通过招标等法定程序寻找确定有资质、有经验、背景清晰可靠的集成公司负责系统的开发和后续服务。

(4)依法依规开展网络金融信用信息应用服务。通过网络金融征信系统向P2P企业及个人提供信用产品与服务,促进网络借贷行业健康持续发展。

(5)建立健全安全保障系统和安全运行机制。除高等级的系统安全保障外,在运营中也必须建立严格的安全制度,确保系统安全和信息安全。

(6)在系统运营过程中不断完善各项技术标准和制度规范,逐步形成统一的标准,以利于系统覆盖面的扩大。

5.4 信贷风险管理控制主要内容

5.4.1 风险管理的范围

风险控制是P2P行业不可逾越要面对的问题。目前P2P行业面临市场风险、运营风险、监管风险、流动性风险和信贷风险五大挑战。

具体而言，市场风险涵盖利率定价、客群选择、市场渠道、宣传营销等方面，运营风险主要涵盖运营流程、内部监督防范等方面。监管风险主要表现在 P2P 企业是否做到业务模式符合监管政策合规、是否公开透明、引入审计监督等。流动性风险主要体现在期限错配、承诺收益等环境下的挤兑方面。此外，还有信贷风险。

市场风险主要靠业务策略来防范，运营风险主要靠企业内部管理来解决。监管风险和流动性风险主要通过实现合规、规范、透明化运营管理来解决。而本节的重点是信贷风险控制。前几类风险都是"防范"，唯有信贷风险是"控制"。

5.4.2　控制信贷风险的基本方式

借款人到期不还款的影响因素有很多，比如业内认为的是否有抵押物，个人经济状况、生活条件如何。但是从整个风险管理的角度来说，最重要的三条是：还款意愿、还款能力、稳定性。

但在中国的征信体系以及市场中，这三个问题难以像英美市场一样轻松判定。在美国、英国等西方国家，金融服务充分覆盖，征信报告体系完善。而在中国，信息严重不对称。因为没有获得银行信贷服务，目前央行征信体系未覆盖；逾期信息不进入征信体系，使借款人失信成本低；因身份信息、资产证明、征信报告等缺失，导致造假行为难以鉴别；P2P 平台缺乏有效手段，中介服务领域正上演新的"猫捉老鼠"游戏。

可以采取的主要对策是：中介平台的基本作用不仅仅是防止风险，而是评估及控制风险。在大数据环境下，新的技术手段提高了造假的门槛。此外，亲核亲访仍然是有效的手段。

控制风险的环节分为贷前审核和贷后管理。目前行业挑战重点在于贷前审核，需要通过征信手段、大数据技术手段有效确定还款意愿、还款能力、稳定性。贷后管理要点在于对客户终身价值的维护、风险预测、增值服务以及逾期催收管理等。

5.4.3　网络信贷的挑战

由于美国、英国等网贷发达国家,都可以通过征信局数据解决"还款意愿、还款能力、稳定性"的一系列问题,如果加上身份确认(注:如果是主动式营销,身份确认在营销开始前已经确认),那么基本可以实施有效的授信策略。事实上,美英在信用卡营销、信用卡新客户获取方面的实践,主要是这种模式。

例如,美国最大规模的 P2P 机构 Lending Club,它获取数据的来源是从征信局购买,找到具备"还款意愿、还款能力、稳定性"的目标客户,然后通过直邮方式营销(解决了身份确认问题),进行大规模的客户获取。

目前在中国,网贷机构无法从征信局直接获取目标客户资料,而试图通过大数据直接进行信贷客户的授信操作,实际上存在巨大挑战。大数据试图解决的两个问题:第一,身份确认问题,第二,客户属性问题。从这个意义上说,大数据是征信数据的有效补充,但不能替代征信局。

上海网络信贷企业也采取了几种不同的方式来应对目前的挑战。

例如,拍拍贷通过评估违约成本与身份的相互关系(由身份来推断还款意愿、还款能力);陆金所则通过线上获取客户意愿,线下完成客户审核;信而富采用的方式为通过线下获取客户意愿,上门完成居住地址、工作单位的尽职调查。

5.4.4　上海资信的有益尝试

为了解决 P2P 企业面临的征信困境,上海资信进行了有益的尝试。

以信而富公司为例,2012 年年初,信而富与上海资信进行了友好接触,对数据格式、报送方式等经过多轮沟通,于 2012 年 5 月进行报送测试。测试从正常、逾期、销户等不同的客户情况进行了全方位测试,并对测试过程发现的问题双方进行了积极沟通和解决。2013 年 8 月,信而富向上海资信进行了正式全量报送,由于前期双方的作扎实,使得整个正式报送过程非常顺利。

目前,上海资信网络金融征信系统汇集了近百家国内 P2P 机构和小额贷款公司的数据,形成了民间借贷的征信报告体系,成为人民银行征信管理中心的有效补充。从接触、沟通、测试、正式上报到查询,P2P 机构充分感受到了上海资信的专业、高效。

5.4.5 网贷应及早建立统一的风险评估标准

由于缺乏统一的监管标准、行业自律力量薄弱,P2P 行业处于争相追逐、跑马圈地的状态,缺乏统一的风险评估标准以及信披方式,导致行业隐性风险集中。在风险控制中,政府监管部门以及行业尽早形成建立科学、统一的风险评估标准,是行业健康发展所必须的条件。

为了促进 P2P 行业阳光化、规范化地发展,建立和完善自我约束机制,2013 年 12 月份,上海市网络信贷服务业企业联盟发布全国首个《网络借贷行业准入标准》(下称《标准》)。《标准》提出,网络借贷服务机构应采用统一的风险评估指标发布逾期风险信息。逾期风险信息须每季度向联盟报备,并至少每半年通过联盟认可的第三方审计机构审计后向出借人公开。

根据《标准》相关规定,采用统一风险指标"90 天以上逾期率"定期披露风险运营信息,具体计算公式为:

$$
\frac{90\,天以上}{逾期率} = \frac{截至\,20\times\times\,年\times月\times\times\,日逾期\,90\,天以上未还合同剩余本金总额}{可能产生\,90+逾期的累计合同总额} \times 100\%
$$

注:借款人的结算周期为当月 25 日至下月 24 日,截至 20××年×月××日逾期 90 天以上未还合同剩余本金总额,具体是指所有在 20××年×月 25 日之前成立的逾期 90 天以上未归还本金的合同剩余本金,但不包括逾期 180 天以上已由平台质量保证金核销的合同剩余本金。

目前,P2P 行业中逾期率的计算有很多种方法,导致无法清晰了解行业的真实风险情况。逾期率统计涉及很多技术环节,按照严格统一的风险评估标准披露风险运营信息,可以及时展示风险状况,让投资者以及舆论理性地来看待风险。风控的目标并不是尽可能地压低逾期率,而是追求在给定的风险水平下收益最高。

5.5 征信体系的法律保障

5.5.1 国外征信法律环境

由于各国法律传统不同、征信模式不同,法律制度设计存在较大差异。国外对征信行业的立法有专门立法和分散立法两种形式。北美和新兴市场国家多采用专门立法的形式,欧盟国家、部分亚洲和南美国家则多采用分散立法的形式。普遍注重对个人征信业务的规范,对企业征信业务的限制较少,大多明确了征信机构的信息采集范围,重视信息主体的权益保护,赋予信息主体在征信活动中的重要权利。

5.5.1.1　美国征信法律制度

美国的征信法律制度主要是针对个人信用报告业务的法律。1970 年,美国制定了世界上第一部专门针对个人信用报告业务的法律,即《公平信用报告法》(The Fair Credit Report Act)。该法颁布 40 年来历经 17 次修订和 3 次重大修改。该法系统规定了个人信息主体、信用信息提供者、征信机构等在征信活动中的权利义务关系,并从保护消费者隐私和信用报告准确性的角度出发,规定了信用报告的合法用途、负面信用信息的保存期限、信息主体获取和要求更正本人信息的权利、征信机构对信用报告准确性的法律责任等内容。除《公平信用报告法》外,美国的征信法律制度还涉及《公平债务催收法》、《金融服务现代化法》、《银行保密法》、《信息自由法》、《金融隐私权法》、《平等信用机会法》、《诚实借贷法》、《公平信用账单法》、《信用卡发行法》、《公平信用和借记卡披露法》、《房屋抵押披露法》等近 20 部法律,共同形成较全面的征信法律体系。

5.5.1.2　英国征信法律制度

英国主要从个人数据的取得和使用方面规范征信机构行为,并给予私营征信机构足够的生存空间。与征信有关的法律主要包括《消费信用法》和《数据保护法》。1974 年实施,2006 年修订的英国的《消费信用法》充分体现了消费者保护的立法原则,该法对消费者与信贷提供者之间涉及第三方征信活动时做出了明确的规定,最大限度地维护消费者的知情权,2006 年修订后增加了"从事信用信息服务的征信机构必须申请信用许可证"的内容。1998 年颁布的《数据保护法》在强调开放各种数据的同时,特别规定不能滥用数据。该法对数据的取得和使用做了详细规定,着重强调个人的权利,规定个人有权知道自己何种信息被收集及谁使用了信息,从而达到保护消费者隐私、监督管理征信机构、规范征信业发展的目的。

5.5.2 征信监督管理的国际比较

从世界经验来看,一国的征信监管和该国的征信市场建设模式直接相关。美国的征信体系以市场为主导,征信机构完全市场化运作,因此美国仅在法律框架下对征信业进行必要、有限的监管,且多个监管部门根据法律在相应职权范围内行使相关监管职权,监管环境较为宽松。欧盟国家既有以中央银行主导建立的公共征信机构,也有市场化运营的私营征信机构,但欧洲各国普遍成立了专业监管机构,非常注重对个人隐私的保护,采用较为严格的监管模式。亚洲国家的征信体系建设起步较晚,大多由中央银行推动征信业的发展,在监管的同时注重培育征信市场。

5.5.2.1 美国以法律体系为主导的多元化监管模式

美国实施的是政府部门"多头监管",没有专门负责征信业监管的行政部门,由相关法律对应的主管部门在其相应的职权范围内发挥对行业的监管和执法功能。美国的征信监管部门主要分为两类:一是金融相关的政府部门主要包括财政部货币监理局、联邦储备系统和联邦储备保险公司,主要负责监管金融机构的授信业务。法律一般指定联邦储备委员会和财政部的货币监理局作为执法机关。二是非金融相关的政府部门主要包括司法部、联邦贸易委员会和国家信用联盟总局等,主要规范征信业和商账追收业。联邦贸易委员会是美国监督管理的主要部门,主要负责征信法律的执行和权威解释,推动相关的立法等。

此外,美国《多德—弗兰克法案》加强了证券交易委员会对信用评级机构的监管,准许证券交易委员会在内部成立信用评级办公室,对全国认定的评级组织进行监管,同时赋予证券交易委员会规则制定权。同时,在联邦储备委员会内设立一个全新的、独立的联邦监管机构——消费者金融保护局,管理并执行新的针对消费者金融监管的联邦监管制度。

美国比较注重市场的自由发展,因此为征信业提供了较为宽松的发展环境。如美国要求政府、企业、个人和其他组织披露和公开其掌握或反映自身状况的各种信息;政府信息以公开为原则,以不公开为例外;信用中介服务机构在采集和提供个人信用信息时无需经信息主体人的同意。同时美国在必要的方面加强监管,对涉及国家安全、商业秘密和个人隐私的信息给予严格保护;禁止采集种族、信仰、医疗记录等隐私;对征信机构的信用报告规定了明确的使用目的和范围,对滥用信用信息的行为进行严格的监管和惩处。

5.5.2.2 欧盟以专业监管机构为主导的一元化监管模式

欧盟国家普遍成立了专业监管机构,负责数据保护和征信机构的监管工作。如德国、法国、意大利由中央银行主导管理征信业。英国则由独立的公共行政部门——信息专员署——负责征信业管理。在德国,政府作为主要出资方,建立全国数据库,形成了中央信贷登记系统为主体的社会信用管理模式。联邦政府及各州政府均设立了个人数据保护监管局,对掌握个人数据的政府机构和信用服务机构进行监督和指导。这些专门的监管机构可制定法规,享有行政执法检查权,负责确保各项数据保护法律法规的严格贯彻执行,维护信息主体各项权益。

欧盟国家特别注重对个人隐私的保护,因此对征信业的监管更为严格。如德国规定,只有在法律允许或经用户同意的情况下,征信机构才能提供用户的信用数据;信息主体有权了解征信机构收集、保存的本人信用档案;禁止在消费者信用报告中公开消费者收入、银行存款、消费习惯等有关信息。德国还要求从事个人征信业务的机构委托一名数据保护官,具备专业知识和可信度,致力于德国数据保护法的执行。

5.5.3 国内征信建设的法律环境

构建信用管理的相关法律环境已成为衡量一国是否成为征信国家的重要标志,网络信贷征信系统的有效运行也有赖于一个完善的信用管理法律体系。

2013 年,我征信法规制度建设取得重要进展。近十年来,征信法规制度建设不断推进,逐步建立了以国家法规、部门规章、规范性文件和标准的多层次制度体系,保护了信息主体权益,有力地促进了征信业的发展。

5.5.3.1 《征信业管理条例》发布实施

人民银行一直积极推动《征信业管理条例》(以下简称《条例》)的制定,深入研究征信立法相关的重大问题,会同相关部门通过实地调研、召开座谈会等方式,认真听取了地方政府有关部门、征信机构、金融机构、专家和消费者协会等对征信立法的意见和建议,研究借鉴国外征信立法经验,并在此基础上完成了

《条例》的草拟工作。2009 年和 2011 年国务院法制办两次向社会公众公开征求意见,此后,国务院法制办、人民银行认真吸收了地方政府、相关部委和机构、社会公众的反馈意见,再次对《条例》进行了修改,并报国务院。2012 年 12 月 26 日国务院第 228 次常务会议审议通过《条例》,并于 2013 年 3 月 15 日起正式实施。

《条例》对征信机构的设立条件和程序、征信业务的基本规则、征信信息主体的权益,金融信用信息基础数据库的法律地位及运营规则、征信业的监管体制和法律责任等内容进行了规定,解决了征信业发展中无法可依的问题。有利于加强对征信市场的管理,规范征信机构、信息提供者和信息使用者的行为,保护信息主体权益;有利于发挥市场机制的作用,推进社会信用体系建设。

《条例》作为中国首部征信业法规意义重大。对于征信业监管管理部门来说,要明确监管职责及其管理对象、管理措施和管理手段,有利于加强对征信市场的管理,规范征信业的健康发展;对于征信机构来说,要确立征信业务及其相关活动所遵循的规章制度,规范征信机构、信息提供者和信息使用者的征信业务行为,建立良好的征信市场秩序,形成各类征信机构互为补充、依法经营、公平竞争的征信市场格局,满足社会多层次、全方位、专业化的征信服务需求;对于消费者来说,要树立拥有良好的信用记录是一笔财富,具有很高的社会价值,不良的信用记录会给个人或企业带来严重负面影响,形成全社会积极使用信用报告、通过合法途径去了解他人信用状况的氛围和土壤。

《条例》的出台,也解决网络信贷征信的合法性问题。一是解决网络信贷征信市场中信息采集、使用不规范等问题。二是确立网络信贷征信业务及其相关活动所遵循的规章制度,规范征信机构、信息提供者和信息使用者的业务行为,建立良好的征信市场秩序。三是促进网络信贷征信系统与央行征信系统的互为补充、依法经营的征信市场格局,满足社会多层次、全方位、专业化的征信服务需求。

5.5.3.2 《征信机构管理办法》细化施行

《征信业管理条例》实施后,相关配套制度也在不断完善中。《征信机构管理办法》(以下简称《办法》)于 2013 年 12 月 20 日起开始施行,进一步细化了《条例》涉及征信机构管理的条款,规范征信机构的设立、变更和终止程序,对于促进征信机构规范运行、保护信息主体合法权益具有重要意义。《办法》遵循了个人征信机构从严、企业征信机构从宽的原则,进一步明确了《条例》加强对个人征信机构管理的相关规定。

第一,《办法》根据《条例》授权,进一步明确了《条例》第六条对设立个人征信机构所应具备条件的相关规定,要求设立个人征信机构还应具有健全的组织机构、完善的业务操作、安全管理、合规性管理等内控制度,且信用信息系统应当符合国家信息安全保护等级二级或二级以上标准。

第二,《办法》加强了对个人征信机构的机构管理,对个人征信机构重大事项变更、分支机构的设立等作出了明确规定。

最后,《办法》完善了个人征信机构市场退出程序,着重解决了数据库处理流程和征信机构退出流程的衔接问题,防止信用信息在征信机构退出过程中出现泄漏。

《办法》作为《条例》的配套制度,在完善征信业管理制度框架方面具有重要作用。

一是规范征信机构设立和退出的需要。《条例》对征信机构的设立条件、征信机构退出征信市场进行了规范。《条例》实施后,需要根据《条例》的规定,制订具体的、便于操作执行的要求,明确设立征信机构所需具备的条件以及所需提交的材料,细化人民银行的管理要求,便于经营个人征信业务的征信机构设立审批、经营企业征信业务的征信机构备案。

二是加强对征信机构日常管理的需要。《条例》规定中国人民银行及其派出机构依法对征信业进行监督管理。征信机构设立后,人民银行应当对征信机构遵守《条例》规定的情况进行监督,建立征信机构向管理部门定期报告的制度,对征信机构进行检查,及时发现、解决征信机构运行过程中的问题,保障征信市场的健康发展。

5.6 网络金融征信系统(NFCS)建设现状

针对网络信贷行业,最具代表性的征信系统是上海资信有限公司于 2013 年 6 月 28 日推出的网络金融征信系统(NFCS)。上海资信是中国人民银行征信中心控股子公司,根据征信中心统一部署,上海资信搭建了 NFCS 平台,实现 P2P 机构之间的信息共享。

NFCS 以小微金融征信为主,其目标是打造网络信贷开展业务的征信生态。NFCS 收集来自行业内单个机构的借贷业务记录,为每一个网贷借款人建立信用档案,通过行业共享让网贷借款人的借贷行为透明化,增加其失信成本进而不断降低网络信贷行业的授信风险。

截至 2014 年 7 月底,NFCS 已与全国 246 家网络信贷机构建立了合作关系,覆盖北京市、上海市、重庆市、安徽省、福建省、广东省、河北省、河南省、黑龙江省、湖北省、湖南省、江苏省、江西省、辽宁省、内蒙古自治区、山东省、山西省、陕西省、四川省、天津市、云南省、浙江省 22 个省市。其中北京、上海、广东三地签约机构位列前三。

在 246 家合作机构中,报送数据机构累计 91 家,其中有 44 家报送全量数据,收录客户数共 30.06 万人,累计贷款金额达到 125.66 亿元,黑名单人数共 10 272 人,成功入库数据 399.96 万条,为 54 家机构开通了查询权限,累计查询请求 193 036 笔,查得 39 349 笔。

NFCS 的接入机构数目前以每月近 20 家的增幅高速增长,预计 2014 年内合作签约 P2P 机构数将超过 300 家,系统收录网贷客户数可达 50 万人,日均查询达 5 000 次以上。

尽管 NFCS 仍处于建设初期,但已在信息共享、风险防控、提高失信成本方面初现成效,对优化行业生态起到积极作用,受到合作机构的广泛认可与支持。未来随着 NFCS 不断完善,将逐步消除个人征信在网络信贷领域的信用盲区,进一步扩大征信体系覆盖范围。

此外,从征信机构的角度来看 P2P 行业,截至 2014 年 7 月底,网上公布的 P2P 跑路或倒闭机构与 NFCS 的签约机构没有交集。一个严谨的 P2P 机构一定会把加入征信系统作为开展业务的必要条件,市场也在对加入 NFCS 与不加入 NFCS 的机构形成不同的认知,并引导融资需求向与 NFCS 合作的机构倾斜。NFCS 能够有效保障系统覆盖下的 P2P 机构经营风险可控与良性发展,并推动网络信贷行业新格局的形成。

第陆章

P2P海上之光

6.1 先驱篇：拍拍贷

6.1.1 公司简介

拍拍贷成立于 2007 年 6 月，公司全称为"上海拍拍贷金融信息服务有限公司"，位于上海张江的浦东软件园（国家级软件园区）。拍拍贷是继英国 zopa 和美国 prosper 公司之后的世界最早的互联网在线借贷平台企业之一，同时是中国国内成立时间最早、用户数量最多的网络借贷信息中介平台，主要帮助小微企业主获得生产经营性民间借款及小微客户获得消费性民间借款，同时提高社会闲置资金的配置效率并增加投资渠道。

拍拍贷的创始团队毕业于上海交通大学、复旦大学、宾夕法尼亚大学沃顿商学院等国内外著名高校，并曾分别在美国微软公司、中国工商银行、民生银行等金融、科技类企业担任中高层管理人员。

2012 年 4 月，拍拍贷经上海市工商局批准，公司名称变更为"上海拍拍贷金融信息服务有限公司"，成为中国第一家具有"金融信息服务"经营资质的网络借贷信息中介服务企业。

拍拍贷定位于通过互联网技术点对点进行信息撮合以提高撮合效率、同时运用大数据分析计算进行风险管理以控制信贷风险，旨在通过互联网技术缓解小微信贷领域融资难的问题。目前拍拍贷注册用户超过 200 万人，遍布除港澳台地区以外的全国各省、自治区、直辖市。截至 2013 年末，通过拍拍贷平台，已经帮助近 10 万余家小微企业主和个人完成超过 16 万笔的融资服务，融资总额近人民币 16 亿元，平均单笔借款金额约人民币 1 万元。

作为国内唯一一家纯线上的 P2P 网贷平台，拍拍贷获得了如红杉等顶级风险投资机构的信任和支持。目前拍拍贷已率先完成 A、B 两轮融资，融资规模皆达数千万美元。值得一提的是，拍拍贷是国内 P2P 行业首个完成 B 轮融资的网贷平台。

同时，作为互联网金融 P2P 网络借贷行业内的领军企业，拍拍贷受到了政府和媒体的多方关注。国务院、中国人民银行、银监会、全国工商联、上海市政府发展研究中心、市委办公厅等各级领导均曾莅临公司调研，给予拍拍贷关注支持。媒体方面，包括中央电视台、新华社、路透社、彭博社等国内外逾 200 家媒体对拍拍贷进行过专访报道。

拍拍贷也获得了社会各界的肯定，2012 年以来，拍拍贷先后被评为"2013年上海市高新技术企业"、"上海市第六届优秀网站"、"2012 中国年度创新成长企业 100 强"、"2012 年浦东信息化建设十大影响力企业"、"2013 年度上海中小企业融资服务优秀合作伙伴"、"2013 年度最佳电商金融服务商"、"2013 年度中国互联网金融创新奖"等。

拍拍贷主动参加了行业内各组织，积极配合维持业内秩序及规范化，包括"互联网金融协会"、"中国支付清算协会互联网金融专业委员会"、"中国互联网协会互联网金融工作委员会"、"上海市信息服务业行业协会"、"中国小额信贷联盟"、"上海市网络信贷企业联盟发起单位"等。拍拍贷联合创始人、CEO 张俊在企业管理和运营上有着丰富的经验，张俊个人获得了"2012 年度上海 IT 青年十大新锐"提名奖、"2013 年度上海 IT 青年十大新锐"、"第十六届浦东新区十大杰出青年"、"上海市青年五四奖章"、"2013 年度优秀创业者"的称号。

6.1.2 创新业务模式

拍拍贷是中国首家通过互联网方式提供 P2P(个人对个人)无担保网络借贷信息中介服务平台,主要帮助中小微企业主获得生产经营性民间贷款,同时增加社会闲置资金的投资渠道。拍拍贷通过高效准确的征信系统以及高效低成本的运营系统,以解决民间借贷中的信息不对称问题。其业态与淘宝网撮合卖家和买家进行实体商品交易的功能类似,为互联网金融的"淘宝"平台。

6.1.2.1 高效低成本的运营系统

拍拍贷采用互联网技术搭建网络借贷平台。借款人网上发布信息,贷款人竞拍的模式,系统自动选择最佳的贷出者,一旦借款成功,网站自动生成电子借条,借款人按每月还款方式向放款人还本付息。拍拍贷推崇"数据为王",运用互联网技术提高信贷撮合自动化程度,通过计算机分配投资等自动化的、全天候的方式撮合借贷交易,形成贷款审批规模效应,极大地降低了小额贷款的交易成本,为借款的小微企业节约了借入成本,有效减少借贷过程信息传递的中间环节,并通过标准化操作模式实现模板化。同时,这种创新信贷撮合模式帮助资金借贷双方更好地进行市场化的选择,改变了资金必须通过银行等中介媒体汇集再给予资金需求方的模式。

拍拍贷为个人信贷业务提供一站式服务,为出借人与借款人建立了一个安全、高效、诚信的网络中介平台。

图 6.1 拍拍贷的运营系统

6.1.2.2 高效准确的征信系统

拍拍贷以互联网技术和大数据为基础,自行研发和搭建了创新的网络信贷审核体系,通过对借款人的多种类多维度数据进行搜集、挖掘和分析,做出对其行为、习惯等方面做出多重分析,结合第三方权威机构的数据比对,分析判断其还款能力、还款意愿、违约概率等,并以评级的方式对用户进行最终呈现。目前拍拍贷数据仓库的数据源包括了用户提交的电子化信息(如身份证、营业执照、房产证、学历证、工资单、银行流水等),第三方权威机构的查询信息(如公民身份证查询中心、教育部学历中心、法院诉讼信息查询中心等可查询信息),还包括了大量的碎片化的海量互联网数据,如用户在淘宝、京东、支付宝等电子平台的交易信息、微博等 SNS 社交网络数据,百度搜索引擎数据等。

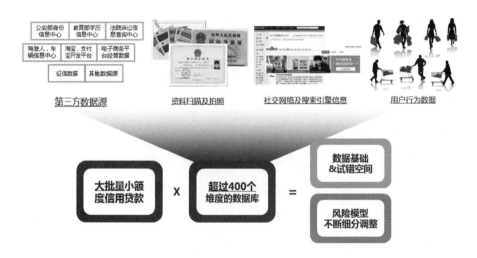

图 6.2　拍拍贷的征信系统

拍拍贷通过对网络信贷技术的研发运用,降低了信贷成本,提高了信贷效率,能够服务传统金融机构"不能"或"不愿"服务的中小微客户。中小微客户在融资需求方面的特征是:分布广基数大,收入相对偏低,有短期的急切的融资需求,对融资成本的承受能力低,缺乏融资渠道,缺乏传统的静态的信用数据。基于上述特点,传统金融机构复杂繁琐的信贷审核流程,高昂的信贷成本,决定了其无法满足中小微客户的融资需求。拍拍贷以互联网技术降低了其融资成本,提高了匹配效率,为解决中小微客户融资难问题提供了有效渠道,促进了资金的活性,同时也丰富了金融服务的层次,真正做到帮助小微客户和草根阶层,普惠金融。

6.1.3　拍拍贷投资/借款说明

拍拍贷用 IT 技术将民间借贷升级到互联网,为有资金需求和理财需求的个人搭建了一个安全、高效、诚信的网络借贷平台,并运用先进的风险控制理念使其创新发展。用户可以在拍拍贷上获得信用评级、发布借款需求、快速筹得资金;也可以把自己的闲余资金通过拍拍贷出借给信用良好有资金需求的个人,在获得良好的资金回报率的同时帮助他人。

拍拍贷的借款额度最高为 50 万元,利率严格控制在银行同期贷款利率的 4 倍以内,借款期限不超过 12 个月,还款方式采取等额本息,按月还款。

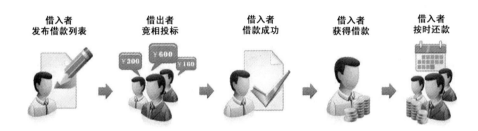

图 6.3　拍拍贷的借贷流程

拍拍贷收费说明:

拍拍贷网站的功能包括了借款信息的发布,竞标管理,成功借款管理,电子借条,法务支持等,目前大多数服务保持免费,目前拍拍贷对借出方不收取任何费用,对借入方收取 2%～4%的服务费,收费规则为:(1)借款期限 6 个月(含)以下:借款成功后,本金的 2%;不成功不收取成交服务费。(2)借款期限 6 个月以上:借款成功后,本金的 4%;不成功不收取成交服务费。

6.2　**融贯篇:证大财富**

6.2.1　公司简介

上海证大金融信息服务有限公司(以下简称"证大财富")是一家在全国同行业中处于领先地位的创新型微金融服务平台,获评 2013 第一财经金融价值榜"最佳创新微金融服务公司"。

证大财富倡导"人人都有借款的权利,人人都有财富增值的机会"的普惠金融观,为客户提供优质的财富管理、借款咨询等综合金融信息服务。

自 2011 年 10 月发展至今,目前证大财富旗下控股的子公司有上海证大投资咨询有限公司、上海证大大拇指财富管理有限公司和上海证大爱特金融信息服务有限公司。在证大财富的背后,还有上海证大集团强大的经济实力和二十多年金融领域运作经验的鼎力支持。

证大财富现有员工规模已突破 7 000 人,其中硕士及以上学历占比 18%,本科学历占比 51%,在借款审批、风险管理、信息技术等关键岗位上,聚集了一大批业内资深专家。

2013 年,证大财富业务规模达到 15 亿元,同比上一年增加 11 亿多元,2014 年全年在风险可控的前提下,力争突破 50 亿元。截至 2014 年 8 月,证大财富的足迹已经遍布全国 60 多个城市,设立 100 多家借款咨询分公司,10 多家财富管理分公司,计划 2014 年年末,将建成 120 家借款咨询分公司。

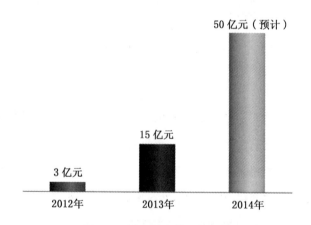

图 6.4　证大财富的业务规模

6.2.1.1　证大财富借款咨询服务模式简介

表 6.1　　　　　　　　证大财富借款咨询服务模式

服务类型	服务人群	申请额度(元)
薪生贷	职业稳定,工资为网银支付的优质客户,最低月收入 3 000 元	1 万～20 万
随薪贷	所在单位为非个体户的普通工薪层,最低月收入 2 000 元	1 万～15 万

服务类型	服务人群	申请额度(元)
公积金贷	公积金缴存时间不低于 6 个月 且基数不低于 2 500 元	1 万~15 万
保单贷	投保人为申请人,保险年限 不少于 5 年,且已连续缴费满 3 年	1 万~15 万
随车贷	申请基本要求为:本人名下在进件地 有车(8 万以上、非营运、7 座以下),最低月收入 2 000 元	1 万~4 万
随房贷	申请基本要求为本人名下在进件地有商品房 或非商品房(不含自建房和宅基地),最低月收入 2 000 元	1 万~15 万
随意贷	针对私营业主,最低月收入 2 000 元 且收入来源为个人经营所得	1 万~20 万

6.2.1.2 证大财富财富管理服务模式简介

表 6.2　　　　　　　证大财富理财规划服务模式

财富管理服务	服务特点	预期收益	投资期限
证大年丰	循环增值,收益复利计算	预期年化收益率 10%~12%	12 个月起
证大月收	本金继续出借,收益按月回收	预期月收益率 0.85%~1%	12 个月起
证大季喜	具有较高资金流动性,收益相对较高	预期年化收益率 8%	封闭期 3 个月
证大双鑫	具有较高资金流动性,收益相对较高	预期年化收益率 9%	封闭期 6 个月
证大岁悦	具有较高资金流动性,收益相对较高	预期年化收益率 10%	封闭期 12 个月

6.2.1.3 证大 e 贷 3.0

证大财富旗下上海证大爱特金融信息服务有限公司是一家运营互联网金融信息综合服务平台的创业型公司,为在线用户提供互联网投资平台(证大 e 贷)、移动互联网投资工具(鼓钱包)、在线借款咨询等互联网金融信息服务。

"e 计划"是证大 e 贷推出的创新型财富管理服务,用户选择加入"e 计划",将闲余资金出借给合作机构推荐的优质借款人,通过"智能投标"功能实现快速的债权投资;"循环出借"功能实现本金自动循环再投资,提高资金使用率,获得较高复利投资收益。系统一端以机构合作形式接入优质的借款需求,另一端服务互联网理财人群的财富增值需求。

图6.5 证大财富"e计划"投资原理

表6.3 证大财富"e计划"说明书

借款金额	门槛低	最低投资金额1 000元
预期回报	收益稳健	预期年化收益率在11%～13%,约为银行同期活期存款利率的30倍
本息返还方式	收益方式灵活	收益循环再出借,更多收益,资金复利增长;或者,收益每月返还,每月收益返回账户,资金灵活使用
流动性	流动性高	90天超短锁定期
资金安全	优质借款人＋风险基金	基于运营数据对机构进行评级,并根据评级开放不同的机构用户权限;另外,一旦出现风险异常波动,立即通过预警系统启动风险基金,充分保障投资人的资金安全
系统安全	加密传输＋多重加密保护＋远程数据容灾备份技术	网站采用128位的SSL加密传输,防范破解风险;配备了国际领先级别的商业防攻击防火墙服务,对病毒攻击和入侵攻击进行快速、精准、可靠的防护;系统采用先进的远程数据容灾备份技术,避免用户因数据丢失而带来财产损失

6.2.2 证大财富的风险控制

证大财富的风险控制,通过专注于基于"人"的审核,找到更多具有征信意义的"属性",有效风控,并分析这些属性与信用行为的关系,建立真正适用于证大财富P2P借款人的有效数据模型。

证大财富认为做好信用借款风险控制的前提是了解我们自己的借款人,我们始终不认为在目前用国外先进的数据模型来给我们的借款人打分是有效的,因为国外的征信渠道(即有效数据获取渠道)比中国健全太多,而在中国,数据模型中这些变量信息我们并没有渠道可获得,而且就算这些变量值可获得,国外借款人的信用行为也无法代表中国借款人,因为国情、经济发展水平,教育方式、教育水平、信用违约成本等差异都很大,而且我们还忽略了回款管理策略和能力对信用行为的影响,也就是假设我们的模型变量全部可获得,并且是适用我们借款人的,但回款管理策略和能力有差异,最终结果仍是偏离模型的。

在中国的 P2P 贷款行业,我们的模型之路还很长,我们现在需要认真扎实地做好风控,未来才有可能拥有真正可以对风控结果负责的模型。

6.2.2.1　了解我们的借款人

P2P 的借款人有什么特征呢? 我们认为最具代表性且通用的特征即愿意承受较高的借款成本,这也是很多人疑惑的问题,了解什么样的人愿意接受高的借款成本,就可以定位我们的客户群(广泛意义的),进而研究风控政策。

人群一:急需钱,因为时间成本,放弃低费率借款通道,选择承担较高费率。

人群二:只需较小额度的借款,不愿意承受银行贷款繁复的资料和手续,放弃低费率借款通道,选择承担较高费率。

人群三:因各种原因,非银行目标客群,无法进入低费率借款通道,只能选择承担较高费率。

人群四:没有抵押物,没有担保人,无法进入低费率借款通道,只能选择承担较高费率。

人群五:欺诈,借款费率不是其关心的问题,任何借款通道会尝试。

6.2.2.2　建立反欺诈体系——将第五类人群坚决堵在门外

强大的内部客户信息及黑名单匹配功能,触发反欺诈规则。

每笔放款客户都必须经过第三方渠道信息验证、资料核查,电话调查(交叉验证),初审,终审环节,审核通过后又必须经过严格的面签、面谈及借款资料原件复核环节。

6.2.2.3　借款咨询服务、借款咨询政策倾斜优质客户——尽可能多地抓住第一、二类人群

让客户方便、快速地获得借款,对优质特征明显的客户群给予较低的费率,同时将借款审批效率列入重点关注指标。证大财富设计了 4 款针对优质客户的简易借款(借款资料简化)服务模式——随房贷、随车贷、保单贷、公积金贷,1款针对优质客户的低费率服务模式——薪生贷(针对公务员,事业单位、上市公

司等员工)。

6.2.2.4 细分借款咨询服务模式,制定更有效的审核政策,有效控制风险

人群四、人群五是银行"挑剩下"的客户,整体人群信贷风险较高,但银行主要是基于"物"的审核,而我们专注基于"人"的审核,所以银行信贷标准"挑剩下"的并不都是差群客户,所以我们必须做到"慧眼识珠",找到每个借款人独特且具有征信意义的"属性"。

证大财富将借款服务模式细分了 7 类,薪生贷、随薪贷、随房贷、随车贷、随意贷、保单贷、公积金贷,通过借款服务模式的细分为每个借款人打上具有征信意义的"属性"特征,进而差异化、精准化制定审核政策,有效控制风险。

比如,保单贷(行业创新服务模式,2014 年 3 月推出)针对购买商业性质寿险 3 年以上的投保人,其"属性"是有责任感、有持续经济实力,违约风险小。

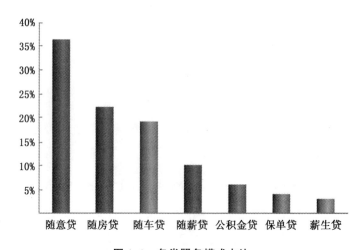

图6.6 各类服务模式占比

6.2.2.5 小额分散,大数法则控制风险

平均额度 5 万元左右,其中随房贷(在借款地有房产者)最高,随薪贷(普通上班族)最低。

6.2.2.6 有效的回款管理策略

还款提醒,减少因非人为因素导致的逾期。

账户一旦逾期,让最了解借款人的管理门店立即进行回款管理工作。

账户回款管理难度增加,让专业的回款管理团队跟进。

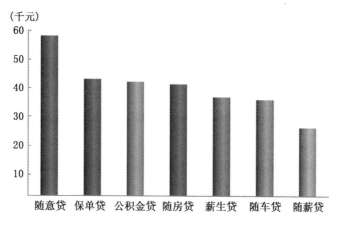

图6.7　各类服务模式平均审批额度

6.2.2.7　借款咨询申请数据分析，检视审核政策合理性

建立稽核部门，抽检每笔借款的审核工作情况，保证审核人员的审核行为严格按照审核政策执行，保证数据表现尽可能地不因人工审核差异偏离政策，确保基于数据分析结果进行的审核政策调整是正确有效的。

借款人"属性"的明确和细分，给了数据分析一个非常好的基础，再将人工审核获得的有效信息标准化，再加上年龄、性别、地域、账龄等字段，多维度分析，我们就可以准确地确定优质客群，以及差群，进而可以更合理地风险定价，更精准地调整风控政策，优化组合，让风险控制有效地循环起来。

6.3　大成篇：陆金所

6.3.1　企业简介

上海陆家嘴国际金融资产交易市场股份有限公司(简称陆金所)于2011年9月注册成立，总部位于国际金融中心上海。经过2年的发展，陆金所P2P投资服务的交易规模在2013年1年间增长超过20倍，成交量稳居行业前列，更因其在业务模式与风控体系等方面的优势，在业内获得较高的认可，央行副行长刘士余更鼓励陆金所成为互联网金融的"行业标杆"。2014年5月，美国最大的P2P研究机构Lend Academy公布了一份的"中国最重要的P2P公司"，陆金所榜上有名,报告更称,陆金所的线上交易服务目前已位列全球三甲。

6.3.1.1 打造两大交易平台

作为平安集团的互联网金融战略部署,陆金所着眼于高起点、高标准、高门槛的自身定位,致力于成为中国最大的金融资产交易市场之一。通过持续不断的庞大投入搭建电子化交易平台、引进国际顶尖人才团队、平台技术、风险评估模型及信控体系、资产渠道等,整合互联网与金融形成不可复制的竞争优势。

陆金所依托互联网技术创新,支持中小微企业发展,特设立了针对个人的专业互联网投融资平台 lufax.com,于 2012 年 3 月正式上线。除此之外,陆金所针对机构客户和企业客户的 lfex.com 平台也在前不久向市场推出。网络投融资平台(www.lufax.com):一方面提供小额贷款给有着迫切融资需求却无法被满足的小微企业尤其是个体工商户支持其发展;另一方面为小额投资者提供了投资渠道和工具,让大众都能享受高净值投资者才能享受的投资服务,使双方权益得到保障,让投融资双方享受到了普惠金融带来的切实好处。

金融资产交易服务平台(www.lfex.com):致力于通过优质服务及不断的交易品种与交易组织模式创新,提升交易效率,优化金融资产配置,为广大机构、企业和合格投资者等提供专业、高效、安全的综合性金融资产交易相关服务及投融资顾问服务。

6.3.1.2 创新 P2P 模式,树立行业标杆

"稳盈—安 e 贷"投融资系列是陆金所首推的个人网络投融资服务,在结合国际经验和本土特点的基础上,创新而成的 P2P 网络借贷模式。通过"稳盈—安 e 贷",投资方(投资人)和融资方(借款人)可以快捷方便地完成投资和借贷。与其他 P2P 模式相比,"稳盈—安 e 贷"具有交易模式清晰、收益稳健、流动性高等优点,同时通过引入全额担保第三方托管等手段,进一步保障了投资人利益。

与其他 P2P 模式相比,稳盈—安 e 贷有以下特点:

(1)投资人保护机制,创新地由具有担保资质的第三方专业担保公司提供担保,保障投资人利益;将平台和担保分开,有效解决了互联网金融的投资安全性问题,为投资人创造更安全、稳健的回报。有效解决了互联网金融投资安全问题。

陆金所将在未来逐步推出个人信用评级的增信方式,并允许投资者根据自

己的风险偏好自主选择投资产品。陆金所也将不断创新产品研发,开发多元化的产品,满足每一位投资者的需求。

(2)清晰的交易模式,投资人和借款人双方都为个人,不设置资金池及期限错配等高风险隐患模式,符合法律和政策规定,从根本上避免非法集资、非法吸收公众存款等问题;保证了平台的合法合规性。

(3)高流动性。投资人在持有稳盈—安 e 贷 60 天以上并符合转让条件,即可进行债权转让。目前所有二级转让平均交易时间 3 分钟左右。平台在让投资人享受到高回报的同时,提供了充分的流动性。让投资人在有需要时,可以即刻变现。利用互联网优势,在为投资人提供投资流动性的同时,避免了由机构通过期限错配等方式创造流动性的系统性风险。

(4)线下验证借款人与线上寻找投资人相结合。借助平安集团线下渠道,做到所有借款人资料线下验证,保障信息的真实性。同时,投资人 100%通过互联网获得,投资人从注册、验证到投资成功一系列皆纯线上操作。简单、方便、快捷。

(5)数据透明:所有交易都在线完成;可以在 www.lufax.com 平台上看到每一笔稳盈—安 e 贷的交易数据。

(6)稳健收益:稳盈—安 e 贷的预期年化利率制定标准为央行同期借款利率上浮 40%,目前一年期的预期年化利率为 8.4%;

表 6.4   **稳盈—安 e 贷说明**

借款金额	1 万～30 万元人民币	最小金额为 1 万元人民币
预期回报	预期年化利率 8.4%以上	预期年化利率为中国人民银行同期基本贷款利率上浮 40%
本息返还方式	等额本息,按月还款	每个月收回相等金额的资金 包括部分本金和当月利息
投资期限	一般分为 1 年、2 年、3 年期	12～36 个月
风险说明	全额本息担保	所有"稳盈—安 e 贷"的个人借贷均由中国平安旗下担保公司承担担保责任。若借款方未能履行还款义务,担保公司将对未将偿还的剩余本金和应付利息与罚息进行全额偿付
流动性	陆金所提供"稳盈—安 e 贷"债权转让服务,提高出借人资金流动性	(1)债权出让人持有该借款债权至少满 60 天 (2)改借款债权剩余还款期数至少还有 3 期 (3)在转让申请日,该借款债权不能处于逾期状态 (4)陆金所届时合理要求的其他条件

6.3.1.3　推出二级市场转让功能,提供高效流动性

在看到目前市场上大部分产品缺乏流动性,无法满足投资者的流动性偏好这一现象后,陆金所希望通过互联网技术,让出借人一方面可以获得长期投资的高收益,另一方面也能够获得流动性。

对此,陆金所推出了"稳盈—安 e 贷"二级市场债权转让服务,出借人持有安 e 贷满 60 天以后,就可以通过 lufax 平台进行转让。这不但使出借人的投资有了高流动性,而且不会产生流动性风险。让出借人享受门槛更低、周期更短的服务。

6.3.2　通过互联网技术优化资源配置

陆金所依托互联网技术的创新应用,以公平与透明特性降低信息不对称,减少交易成本,提高金融服务的覆盖面和可获得性,使二三线城市的小微企业等能够获得价格合理、方便快捷的金融服务,为实体经济提供支持。以 P2P 业务为例,借款最活跃的城市大概有 40 个,主要是二三级城市,比如东部的台州以及中部的成都、重庆;与此相对应的,投资最活跃的城市则是上海、北京、广州、深圳等一线城市,其投资量占总投资量的 50%～60%。总体而言,陆金所以个人投资用户为基础,依托互联网技术的速度和应用创新,很好地把富裕地区的家庭财富与欠发展地区的融资需求紧密结合、高效配比。

6.3.3　积极组建国际化专业风控团队,不断完善风险管理数据模型

平安集团拥有十多年的综合金融经验。依托 7 000 多万客户形成的大数据,陆金所开发了一套个人金融消费风险管理数据模型。这套模型先后应用于美国和中国台湾市场,如今在大陆也在不断调整,逐步完善,以适应本土市场。至于该模型背后的技术,简单来说就是先把所有的客户,在其最开始申请注册时,就进行相应的评级,然后分类,最后再按照这个分类进行定价。

除此以外,陆金所及其合作的担保公司还组建了国际化专业风控团队,该团队邀请来自美国和亚洲的 100 多位风控专家加入,对平台进行严格的风险管理。为防范欺诈风险,陆金所针对借款人全部采用线下验证方式,即要求借款人到指定地点进行身份验证及资料核对后再统一上传到后台进行风控审核。

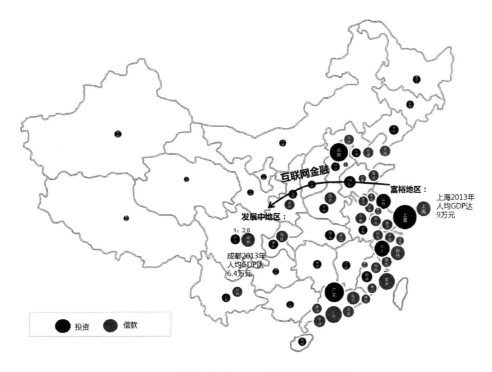

图 6.8　陆金所现有 P2P 业务的地域分布情况

6.3.4　持续加强网络安全建设,健全资金安全保障

目前,国内的 P2P 网贷平台的资金处理,多是以资金池模式来收取自有资金之外的借贷双方的资金,资金所有权的转移均通过 P2P 网贷平台自有资金账户完成,该做法既不透明,也不利于监管。不同的是,陆金所始终坚持严格分离客户资金和平台自有资金,委托拥有资质的第三方支付机构进行资金管理。同时陆金所内部制定了严格的管理流程和开发了完善的系统,进行监督监控,降低操作风险。

在重视资金安全的同时,陆金所也从未忽视网络安全,如何保护用户个人信息和支付交易数据是陆金所网络平台建设的重点。陆金所聘请了拥有多年互联网开发、运营经验的专业人士加入 IT 开发团队,为用户搭建一个安全、稳定、便捷的网络操作平台。

6.3.5　恪守六大原则,提供全方位的优质服务

陆金所的发展初衷是立足于服务实体经济,依托互联网金融在效率与数据

上的优势,参与多层次资本市场的建设。同时,为民间资本提供符合政策需要的释放途径,也是陆金所一直关注的目标。随着互联网金融被写入政府工作报告,陆金所的业务迎来了新的机遇与挑战。

陆金所认为,平台发展的核心价值在于"为客户创造更便捷的投融资方式、帮助客户提升流动性风险的防范能力与建立起更完备的风控体系",这条路是金融创新的征途,但仍需坚守风控与合规的底线,包括:(1)在交易模式中"不做期限错配,不以短养长";(2)在项目前期"提供专业的风控和严格的资产筛选";(3)在资产端"不做资产池,保持项目来源独立";(4)在投资端"面向专业市场,服务合格投资者";(5)在交易流程中,提供"有效的增信措施,保护投资者权益";(6)最终实现"坚持创新驱动,提供高效流动性"的交易结果。

6.3.6 为行业做标榜,引领行业健康发展

陆金所成为由上海市经信委牵头成立的上海市网络信贷服务业企业联盟秘书长单位;陆金所董事长计葵生任中国支付清算协会互联网金融专业委员会专家;此外,由人民银行牵头的调研小组也曾多次到访陆金所,就行业发展与监管听取建议。陆金所作为行业标榜,始终致力于引领这个行业走向正规,规范化的道路。

国家主席习近平于2014年5月22日主持召开了上海外国专家座谈会,美籍金融专家、上海陆家嘴国际金融资产交易市场股份有限公司(陆金所)董事长计葵生等5人作为行业代表进行了主题发言。在提到行业发展的时候,计葵生提出,用创新的方式监督创新,用互联网的手段监管互联网。一方面,必须划出风险底线以保护社会安全,另一方面,必须允许试错。

在此之前的"2014博鳌亚洲论坛"和"美国LendIt2014论坛"上,陆金所也多次强调,互联网和金融是两种截然不同的DNA,两者的思维方式大不同。互联网金融一方面需要拥有多年的金融经验来把风控做好,另一方面要让平台客户体验流程简单化。在这个过程中,更需要在自律及监管的结合上进行创新,需要更多政策面的关注和包容。

陆金所一直以来在做的就是这个工作,始终坚持做互联网金融创新,同时把基本的风险管理和风控做到最好,为行业树立标杆,引领行业健康发展。

第柒章

《上海市网络信贷服务业企业联盟 网络借贷行业准入标准》

上海市网络信贷服务业企业联盟
网络借贷行业准入标准

总 则

1. 为规范网络借贷行业,明确网络借贷行业作为中介服务机构的本质属性和各类业务活动的规范边界范围,按照专业化、规范化、标准化要求,促进网络借贷行业健康可持续发展,特制订本标准。

2. 释义:网络借贷是通过互联网金融信息平台,为资金的投资方(出借人)与资金的需求方(借款人)建立直接借贷关系的互联网金融创新模式。网络借贷服务机构作为中介机构,为借贷活动提供信息发布、风险评估、信用咨询、交易管理、客户服务,向借款人和出借人提供服务以获得服务费。

3. 本标准制订的指导原则:中国人民银行、银监会等相关金融监管部门自2013年以来发表的关于网络借贷的政策指导意见。

4. 本标准制订的目的：依据本标准要求"上海市网络信贷服务业企业联盟"（简称联盟）成员严格遵循中国人民银行、银监会等相关金融监管部门发布的政策法规，严格规范网络借贷服务机构的经营行为。

5. 本标准由联盟提出并组织起草，适用于联盟成员单位。

6. 本标准上报至上海市经济和信息化委员会、上海市金融服务办公室备案。

7. 本标准于 2013 年 12 月 18 日正式发布。

第一章　运营持续性要求

1. 网络借贷服务机构为借款人和出借人提供信息发布、风险评估、信用咨询、交易管理、客户服务等咨询服务，且上述服务不以借贷关系的建立而结束。网络借贷服务机构必须符合持续性运营的要求。

2. 网络借贷服务机构必须根据当前的业务规模，保证充分的运营条件（包括平台的运营资金、运营团队、运营支持等），保证平台继续运营至所有借贷关系结束。

3. 联盟积极筹备并参与建立网络借贷服务机构破产隔离机制。

第二章　高层人员任职资格条件

1. 网络借贷服务机构董事、监事及高管应当向联盟进行报备，备案内容为姓名、职务、身份证号码、从业经历等。

2. 网络借贷服务机构董事、监事及高管中至少应有三名具备从事金融、法律、会计行业五年及以上的从业经验。

3. 网络借贷服务机构中负责风险评估、风险管理的高管必须具备信贷风险管理工作五年及以上的管理经验。

4. 董事、监事、高管人员必须诚实守信，具有良好的职业道德，无不良行为记录（包括无银行信贷严重逾期记录、无被开除公职记录、无因违法违规或违纪被解除职务的金融机构的从业人员、无犯罪记录、无因失职造成重大经济损失或者导致发生重大案件的直接责任人和负有直接领导责任的人员等)。

5. 联盟积极筹备并推进网络借贷行业从业人员的继续教育及任职资格考试。

第三章　经营条件

1. 网络借贷服务机构有与业务经营规模相适应的固定经营场所,并符合各项安全管理规定。

2. 网络借贷服务机构应当具备必要的技术手段,确保业务处理的完整性、一致性、及时性、准确性和安全性;具备灾难恢复处理能力和应急处理能力,确保业务的连续性。

3. 网络借贷服务机构应当妥善保管客户申请资料、客户信用评估资料、借贷两端客户匹配信息等记录、客户借贷及还款资料等,客户的所有原始资料应自业务关系结束当年计起至少保存五年,其相关电子资料应永久保存。

4. 如客户涉及反洗钱调查,且反洗钱调查工作在五年最低保存期届满时仍未结束的,应将其相关资料保存至反洗钱调查工作结束。

第四章　经营规范

1. 网络借贷服务机构必须满足《中华人民共和国公司法》(以下简称《公司法》)等相关法律法规对公司治理结构的规定。

2. 公司必须建立自有资金与出借人资金隔离制度,出借资金由第三方账户管理,公司不得利用任何方式挪用出借人资金。

3. 网络借贷服务机构必须遵守国家政策规定,必须为借款人和出借人建立直接对应的借贷关系,网络借贷服务机构不得在匹配借贷关系之前获取并归集出借资金,不得以期限错配的方式设立资金池。网络借贷服务机构的股东或工作人员不得以期限错配为目的参与债权投资。

4. 网络借贷服务机构不得虚构债权或篡改借贷信息。

5. 网络借贷服务机构的经营应当公开、透明,充分履行风险告知义务,确保出借人和借款人明确自身的权利义务(包括但不限于出借金额、借款金额、期限、费率、回报、还款方式等内容),并在合同中载明。

第五章 风险防范

1. 网络借贷服务机构需要建立规范、标准、专业的风险管理体系和业务操作流程,严格防范非法集资、非法吸收公众存款,控制流动性风险、信用风险、操作风险、市场风险。

2. 为了维护网络借贷行业的健康、可持续发展,网络借贷服务机构仅限于从事金融信息服务业务,不得直接参与借贷行为。

3. 网络借贷服务机构必须建立第三方资金管理机制,通过与中国人民银行核准的第三方支付等法定机构合作。网络借贷服务机构名下的银行账户,或其实际控制人的银行账户,不得以任何形式接收、归集客户出借资金,也无权擅自动用在第三方支付等法定机构管理的出借人资金。

4. 网络借贷服务机构应鼓励出借人通过"小额分散"的方式参与网络借贷,以充分体现互联网金融的优势。

5. 网络借贷服务机构应采用统一的风险评估指标发布逾期风险信息。联盟设立统一的对外发布的统计口径:90天以上逾期率,计算公式为:当前已经逾期90天以上的借款账户的未还本金总额/120天以前开户的账户的借款合同总额。逾期风险信息须每季度向联盟报备,并至少每半年通过联盟认可的第三方审计机构审计后向出借人公开。

第六章 信息披露

1. 网络借贷服务机构每年必须接受联盟认可的审计机构进行审计,同意其对网络借贷平台的全部交易数据进行抽查,并为其访问平台的真实交易数据提供便利。审计结果须按联盟要求进行公示。

2. 网络借贷服务机构须将公司的基本信息(公司股东基本信息及组织管理结构、基本业务模式)、平台运营情况(运营时间、平台收费标准、运营模式)、基本业务数据(平台交易额、累计用户数、平均单笔借款金额、出借人收益情况)、平台上交易的风险指标(90 天以上逾期率)等方面的信息上报至联盟。如有变更,须在 30 天内将变更信息上报联盟。上报信息仅作为联盟内部使用,不作为对外公示使用。

3. 网络借贷服务机构应对披露信息的真实性,准确性负责,确保公开披露信息的内容无虚假、严重误导性陈述或重大遗漏。

第七章　出借人权益保护

1. 网络借贷服务机构应确保向出借人披露的信息真实、完整、准确。

2. 网络借贷服务机构应该真实、客观地提示网络借贷投资的风险,网络借贷平台本身不得提供担保,不以平台名义向出借人承诺保本保息,提示出借人小额分散的投资策略,在出借合同中明确、清晰地阐述双方权利义务,不误导出借人做出出借判断。

3. 网络借贷服务机构应该保证出借人的投资自由,并为出借人的有效投资提供便利。

第八章　征信报告

1. 网络借贷服务机构必须与至少一家符合《征信业管理条例》、具备个人、企业征信合法资质的征信机构开展基于数据报送的合作。

2. 网络借贷服务机构必须完整、准确地向征信机构报送网络借贷业务数据,从逾期信息逐渐过渡到全量数据的报送,包括但不限于网络借贷借款人主体基本信息、贷款开立信息、贷款还款信息、特殊交易信息等。

3. 网络借贷服务机构必须主动及时(至少每月一次)提供增量业务数据。

4. 网络借贷服务机构须保证提供给征信机构的信息与本机构掌握的业务数据准确一致。

5. 网络借贷服务机构必须合法、合规地查询信用报告,查询个人信用报告必须经过信息主体的直接授权,查询用途必须与网络借贷服务机构业务直接相关。

第九章 行业监督

1. 网络借贷服务机构应当遵循联盟要求，严格履行本标准，并自愿接受联盟监督。

2. 网络借贷服务机构应当按照要求向联盟提交经过第三方审计的年度经营情况报告。

3. 联盟征得2/3以上会员的书面同意，有权委托第三方会计师事务所或律师事务所对从业机构的网络借贷经营情况进行调查和审计。

4. 因职务犯罪或者有确切证据证明的职务违法行为而被网络借贷服务机构解除劳动关系的从业人员的信息，应当及时向联盟进行通报，并由联盟将相关信息通报至各成员单位。

5. 严重违反本标准的，经联盟成员单位2/3以上表决通过，联盟可决定取消其成员资格，并向社会公示。

6. 联盟以"上海市互联网违法与违规信息举报中心"为平台接受社会监督和投诉。

举报电话：021－55056666 邮箱：jubao@sisa.net.cn

第十章 适用范围

本标准自发布之日起生效，联盟成员均应遵守本标准的要求。

第捌章

上海网络信贷服务业行业巡礼

8.1 特色案例

8.1.1 信而富

信而富®
China Rapid Finance

上海信而富企业管理有限公司(以下简称"信而富")总部设在上海,目前已在全国设立五十多家分公司,为广大客户提供风险评估和理财咨询服务。

信而富将风险决策管理体系、市场营销策划体系、逾期欠账催收体系、后台账务服务体系整合成为 P2P 个人小额信贷信息咨询服务平台,采用先进的风险管理技术体系,结合在中国 10 余年的风险管理实践经验,以信息咨询为服务方式,为平台借贷两端的客户提供风险评估、信息匹配、风险控制、汇款监督、财富管理等相关服务。

公司本着"让诚信成为财富,让财富实现增值"的企业理念,通过严格的风险管理和卓越的业务创新,让资金不足和资金有余的客户,都能透明高效地实现和分享诚信的价值。正如著名经济学家茅于轼强调"创造财富就需要高效的钱尽其用"。

自信而富创立至今,公司已发展成为国内领先的信贷风险管理和投资咨询服务商,并在国内创造多项第一,其中包括:

(1)与上海资信公司合作,成功完成中国第一个"征信数据综合评估"项目。

(2)与中国银行合作,成功完成中国第一个授信决策管理系统,并运行至今。

(3)与广发银行合作,成功完成中国第一个贷后决策管理系统,产生良好运行效益。

(4)正式出版中国第一部关于征信管理的专著《美国的征信局及其服务》。

(5)与中国人民银行征信管理局合作,成功完成中国第一个征信管理培训课程。

(6)与国际著名投资机构合作,成功完成中国第一个风险决策服务的融资项目。

(7)与建设银行合作,成功完成中国第一个基于大型数据仓库系统的综合性授信策略、额度策略咨询项目。

(8)与华夏银行合作,成功完成中国第一个服务外包的风险决策管理系统。

信而富是互联网金融行业自律的倡导者,也积极推动 P2P 行业健康发展行业的发展:

(1)作为 NFCS(上海资信有限公司设计开发的全国首家网络征信系统)首批合作单位,信而富积极配合网络征信系统个人数据的完善。

(2)2013 年 8 月,中国小额信贷联盟 P2P 行业委员会正式对外发布《个人对个人(P2P)小额信贷信息咨询服务机构行业自律公约》及其实施细则。信而富作为中国小额信贷联盟常任理事机构、P2P 行业委员会执行委员主导发起该自律公约。

(3)2013 年 10 月,信而富战略顾问、美国运通卡前总裁、全球第一家 P2P 公司 Zopa 掌门人 Phillip Riese 先生访华。Riese 先生会同上海信而富总裁王征宇博士共同拜会中国人民银行等金融监管机构领导、深圳市委领导,为 P2P 行业未来发展及环境监管建言献策。

(4)2013 年 11 月,信而富成为上海市信息服务业行业协会、金融信息服务专业委员会会员单位。同年 12 月,信而富作为上海市网络信贷服务业企业联盟会员,公司 CEO 王征宇博士作为起草委员会副秘书长牵头参与制订了该《网络借贷行业准入标准》。

(5)2014 年 3 月上海市信息服务业行协会(SISA)任命信而富为上海市金融信息服务专业委员会("专委会")秘书长单位,公司总裁王征宇博士被协会聘请为专委会秘书长,副总裁李琪女士为副秘书长。

(6)2014 年 5 月信而富被美国最大的 P2P 研究机构 Lend Academy 推选为"中国最重要的 P2P 公司"。同时,信而富代表中国 P2P 企业出席在美国旧金山召开的全球顶尖 P2P 网络借贷行业峰会"Lend It 2014"并做重要演讲,公司高管团队与世界知名互联网金融机构深度交流。

(7)信而富的业务模式做到了债权清晰,规范透明且是业界唯一一家每季度定期公布第三方审阅报告披露风险指标及运营信息的 P2P 公司(如图 8.1)。公开、透明、诚信是信而富 P2P 服务平台的经营准则。诚为本,信而富!

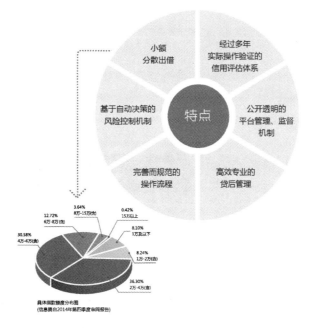

图 8.1　信而富 P2P 个人小额信贷信息咨询服务平台

信而富总裁王征宇博士

上海信而富企业管理有限公司联系方式

网址:www. crfchina. com

客服热线:400－688－8692

合作邮箱:BC@crfchina. com

总机:021－60325999

传真:021－60325998

地址:上海市长宁区淞虹路 207 号明基商务广场 D 栋 5 层

邮编:200335

8. 1. 2　你我贷

　　2011 年,在国内知名的软件和信息安全企业长期担任高管的严定贵结束了他的职业经理人生涯,开启了他的创业之路,严定贵在和最初的创业伙伴探讨创业方向时,萌生出了很多很好的想法,但均受困于创业融资的问题。正因为如此,严定贵和他的创业伙伴们深刻地意识到,"融资难"是创业者们共同面

临的问题。既然有如此广泛的需求,为什么不以此作为创业导向? 另外 2010 年 5 月,国务院发布的《国务院关于鼓励和引导民间投资健康发展的若干意见》,明确提出,允许民间资本进入金融领域,允许民间资金发起设立各类小型金融机构。既然中国的金融开放已成必然,在这样的背景下,一个依托于互联网的在线小额贷款交易中介平台逐渐浮出水面。

实际上,市场对小额资金的渴求远远超出我们的想象,游离在乡村贫困阶层和资产富足阶层之间的广大中小创业企业以及追求生活改善的个人,如何便捷地获得需要的资金,其渠道是窄之又窄,难度更是难以言表。

2011 年 6 月,上海嘉银电子商务有限公司宣告成立,后更名为嘉银(上海)金融信息服务有限公司,并建立了"你我贷"平台,利用这一居间中介平台,将市场上"小额借贷"的需求整合起来,同时吸引小额闲散资金的个人,以"资金红娘"的角色,对双方进行匹配和引导,从而各取所需,让资本得以更经济、高效地运行。

通过最初模式的探索,你我贷最终确立了线上与线下结合的模式,主要体现在借贷交易的环节主要在线上,吸引投资人,并公开借贷业务信息以及相关法律服务流程,而主要将借款来源、借款审查和贷后管理的环节放在线下,按照传统的审核及管理方式进行。在探索和尝试不同模式的同时,你我贷还针对国内的环境和用户偏好,对线上线下相结合的模式进行了一系列的细节性改造,例如,对客户市场进行细分,提供更多的增值服务来促成交易,以严格、更具有中国特色的信用审查机制来降低信用风险等。

你我贷知道风控及管理能力是决定 P2P 平台生死存亡的关键,拥有强烈风险控制意识的企业,必然会在激烈的市场竞争中占得发展的先机。

你我贷的风控制度主要包括对客户进行评级管理、对小微企业借款风险进行分类、对逾期借款如何进行催收、如何控制损失类借款等;在信用审核方面,你我贷开创了立体信审,以保障出借客户的资金安全,满足拥有良好资质的借款人的融资需求。这里的"立体信审",即线上核实资料和线下调查相结合的方式,线上主要包括核实身份信息、银行对账单、就职单位、信用报告,线下则包括电话调查、上门调查、正(侧)面调查、反欺诈调查等;另外,在网站安全方面,从网关安全、网络行为管制、审计安全等技术层面以及用户安全、交易授权、交易限额等业务层面也都设计了严密的把控。"风险控制"和"安全保障"被规范发展的 P2P 企业视若生命,你我贷同样如此。

作为一个投资借贷平台,最重要的如果是风险控制,那么最宝贵的就应该是企业的创新精神了,"你我贷"区别与其他国内、外"P2P 网络借贷平台"的重要特点之一,就是针对国内市场和客户细分,进行灵活巧妙的产品和服务设计。

从针对的客户群来划分,你我贷主要的服务类别包括小微贷款、薪金贷款、商户贷款、汽车贷款、线上用户净值贷款等。通过不断开发新的服务类别,对不同的客户市场进行细分再细分,将产品创新和产品定制作为企业的核心竞争力。

2013 年被称作为互联网金融的元年,P2P 网贷作为互联网金融的典型代表在 2013 年里取得了跨越式的发展,同时,众多倒闭的平台也让我们看到了问题的所在。正因为如此,你我贷开始更加呼吁行业监管,也呼吁行业加强自律。

2013 年 12 月,全国首部《P2P 网贷行业准入标准》在上海发布,你我贷作为这一"标准"的制定者之一,也通过行业"标准"的发布对监管表示了期许。针对行业中目前存在的问题,你我贷也表示有信心和同业们一起共同应对,通过行业联盟及政府协会的支持与互通,改善现状,为整个行业的发展,开辟更好的空间。

严定贵　上海嘉银金融信息服务有限公司、你我贷总裁

企业简介:

你我贷 P2P 互联网投融资平台成立于 2011 年 6 月,平台由你我贷金融信息服务有限公司运营,系上海嘉银金融服务有限公司旗下品牌。主要提供信用咨询、评审、推荐和资金调剂对接等一系列相关服务,在借款者和出借者之间搭起资金调配的桥梁。"你我贷"开创性地以"资金红娘"的身份,借助广泛高效的网络媒介,调剂资金富余方与资金需求方的资金融通,满足双方的共同需求,实现双方的共赢。

本着"帮助他人,快乐你我"的初心,你我贷在创立之始,就把信用管理和风险控制放在首位。几年来,通过平台对接的资金深入到中国最广大的二三线城市、乡镇地区及农村,帮助了那些急需融资发展的小微企业家和个体工商从业者。你我贷的服务已覆盖了全国 30 余个省的 100 多个城市,服务了几十万名客户。目前你我贷已经成长为国内规模最大、最有实力的 P2P 网络借贷平台之一。

网址:www.niwodai.com

客服热线:4000817888

总机:021-60871200

传真:021-51564165-801

地址:浦东新区福山路 388 号宏嘉大厦 8/9F

邮编:200122

8.1.3　国诚金融

上海国诚金融信息服务有限公司成立于 2013 年 5 月,总部位于国际金融中心城市上海,注册资本金 5 000 万元人民币。旗下 P2P 在线投融资平台——国诚金融,致力于打造上海房产抵押领域第一品牌,由上海市工商部门特批获得"金融信息服务"资质,于 2013 年 9 月 26 日正式上线运营。

企业文化:国诚金融秉承"诚信、规范、专业、共赢"的企业理念,将"推动普惠金融发展,让融资难成为历史,让人人理财成为现实!"作为企业使命,将"成为中国互联网金融行业领导品牌"作为企业愿景,实现借款者、投资者、国诚金融和社会发展的共赢!

创始股东：国诚金融三位创始股东李宏、温征、王建章，是国内最早一批P2P互联网金融的参与者、见证者和创业者。李宏拥有超过十年以上的房产抵押借贷经验，亲自设计开发出一套精准有效的风险控制模型和规范高效的业务流程；温征从事国际贸易数十年，曾为上海某知名P2P公司联合创始人；王建章拥有硕士学位，是P2P网贷著名评论人和投资人，先后在网贷之家、网贷天眼发表数百篇网贷投资风险分析报告。

精英汇聚：国诚金融中高级管理人员，由毕业于复旦大学、上海财经大学、中南大学、东华大学、太原理工大学等国家"985工程"、"211工程"重点大学和香港理工大学、新加坡市场学院等国际著名大学的金融、IT、法律、传媒、管理、营销等专业的硕士、EMBA和海归等高学历精英人士组成；其中风控团队来自银行等知名金融机构，具有丰富的信贷管理和风控经验。

客户服务：国诚金融致力于为广大中小微企业和个人提供"专业、及时、高效、信赖"的一站式融资服务，为广大投资者提供"简单便捷、高效灵活、安全可靠、低门槛高回报"的投资服务。上线一年的时间，累计交易总额突破20亿元人民币，帮助近千家小微企业和个人获得融资贷款，为投资者获取收益总额近3 000万元人民币。

平台安全：国诚金融拥有一支30人的IT精英团队，也是国内屈指可数自主研发的P2P平台；累计斥资数百万元采购国际主流系统服务器，从系统安全、网络安全、数据安全、应用安全到管理安全，全部采用核心网络安全技术，多重防火墙和加密技术，切实保护平台运营和用户的数据信息安全。

投资者关系：2014年3月22日，国诚金融成立投资者监督委员会，先后举行多次投资者交流会、投资者查标、拉产调等互动和监督活动；成为P2P行业成长最快、透明化最高、客户服务最好、用户口碑最佳的平台之一。

机构合作：2014年3月13日，国诚金融聘请上海瀛东律师事务所担任公司法律顾问；5月15日，国诚金融与招商银行上海分行签署《风险备用金托管协议》；6月26号，国诚金融与平安银行签署《战略合作协议》；7月5号，国诚金融牵手第一财经频道，冠名赞助的《金融译时代》节目隆重开播；此外，国诚金融与网银在线、支付宝、新浪支付等多家第三方支付机构建立合作关系。

媒体报道：中央电视台、第一财经、《每日经济新闻》、《IT时报》、《理财周刊》、新华网、凤凰网、新浪网等主流电视、报刊和网络媒体,先后多次对国诚金融进行采访报道。

国诚金融联合创始人王建章

上海国诚金融信息服务有限公司联系方式

网址:www.chengxindai.com/

客服热线:4000153330

总机:021－60711999

地址:上海市虹口区西江湾路 388 号凯德龙之梦 A 座 32 楼

邮编:200083

8.2　企业名录

8.2.1　前隆金融

上海前隆金融信息服务有限公司(www.mobp2p.com),总部位于国际金融中心——上海北外滩,是国内第一家基于移动互联网的全流程线上网络信贷企业,运用互联网大数据作为主要征信源与传统金融授信逻辑相结合建立了高效、安全、注重客户体验感受的移动信贷平台"手机贷"。同时,先进风控模型及核心信审系统均自主开发,拥有独立知识产权和发明专利。随着移动互联网金融发展和中国个人信用体系的健全,先进理念和创新技术将给民间信贷行业带来历史性的变革,"手机贷"是这场变革的首位成功探索者。

8.2.2　投储在线

投储在线(www.touchu.cn)成立于2013年,由上海义帆金融信息服务有限公司运营,总部位于上海。自成立以来,公司遵循国家政策法规,坚持"规范、务实、诚信"的经营理念,致力于为客户提供最高效的金融信息服务,成为国内最具实力的中小微借贷咨询服务平台。投储在线将互联网与传统金融借贷有机结合,打造了领先的P2P网络借贷平台,并通过此平台为借贷双方提供专业、便捷、透明的服务,实现双赢。投储在线帮助有资金需求的中小微企业解决了资金短缺烦恼,同时为有理财需求的投资人实现财富的增值,将普惠金融理念惠及千家万户!

8.2.3　永利宝

永利宝(www.yonglibao.com)在线投融资理财平台,首次提出了创新概念的 PCP (Person-Company-Person)互联网金融运营模式,只撮合中低风险与稳定回报(年化收益8%～14%)的融资交易,并在交易过程中引入各类持有金融牌照的小额贷款公司、典当行、国有大中型融资性担保机构以及各类高信用大型民间融资性担保机构、知名投资公司(合称"小担当")作为保证人,以降低项目投资风险。永利宝以帮助中小微企业发展为己任,致力于推动中国的普惠金融!在服务中小微企业的同时,帮助普通大众、白领精英获取合理的中高投资收益。

8.2.4　奇子贷

"奇子(QZ-Miracle)"(www.qizidai.com)总注册资本 4 115 万元,旗下控股五家实体运营企业,全国 8 个城市运营点,主营互联网借贷服务平台并提供金融信息服务、接受金融机构委托从事金融信息技术外包、金融业务流程外包、金融知识流程外包、网络信息专业领域的技术开发、金融领域内的软件开发、咨询,资产管理,项目投资为一体的现代金融服务企业,致力于高净值和财富成长性人群的财富管理,同时为小微企业主、个体工商户提供小额借贷等多元化金融信息服务。

第玖章

上海网络信贷行业大事记

2007 年 6 月　拍拍贷成立,是国内首家纯线上模式的 P2P。

2009 年 4 月　融道网成立,在国内首度创立网络融资贷款 B2C（Bank to Customer）模式和垂直金融搜索引擎模式,并在国内首度提出"网络信贷"行业新名词。

2009 年 6 月　P2P 公司诺诺镑客成立,是上海首家与担保公司开展合作的 P2P 平台。

2010 年 3 月 12 日,在《浦东时报》对融道网的报道《网络信贷"新生儿"浦东起步》中,融道网创始人兼首席执行官周汉率先在国内提出"网络信贷"行业新概念,成为日后"互联网金融"之滥觞。

2010 年 4 月　P2P 公司畅贷网成立。

2010 年 11 月　上海市信息服务业行业协会金融信息服务专业委员会成立,是国内首个金融信息服务行业组织,东方财富网成为专委会主任单位,融道网成为副秘书长单位,融道网创始人兼首席执行官周汉成为首任秘书长,李娟为副秘书长。金融信息服务专业委员会是由本市金融信息服务业企业自愿组成的非营利性社会团体。金融信息服务行业涵盖:金融信息平台、金融外包、金融研发、银行、保险、证券、信托、担保、融资咨询、融资租赁、典当、小额贷款、私募、PE/VC、投行、银行卡业务、金融资讯、第三方支付、第三方理财等行业。

2011年6月　P2P公司你我贷成立。

2011年6月　"第一届上海市金融信息服务业企业家高峰论坛"由上海市信息服务业行业协会金融信息服务专委会、融道网联合上海市闸北区政府共同举办。

2011年9月　陆金所成立,是国内首个大型金融集团背景的P2P。

2012年1月　"第二届上海金融信息服务业高峰论坛暨上海银行家沙龙年会"由上海市信息服务业行业协会金融信息服务专委会、融道网联合上海市宝山区政府共同举办,融道网、拍拍贷、你我贷、诺诺镑客、畅贷网、维诚金融、财安金融、中国资金网等共同发起了国内首个金融信息服务业企业自律倡议:"依法诚信经营,抵制不当竞争,防范业务风险,保障客户利益"。

2012年12月　"第三届上海金融信息服务高峰论坛暨上海市网络信贷服务业企业联盟成立仪式"由上海市信息服务业行业协会金融信息服务专委会联合杨浦区政府共同举办,陆金所、拍拍贷、融道网承办。上海市网络信贷服务业企业联盟由上海市委常委、常务副市长屠光绍与上海市前副市长、上海现代服务业联合会会长周禹鹏共同揭牌,是国内首个网络信贷服务业行业组织,首批会员包括陆金所、拍拍贷、融道网、你我贷、诺诺镑客、畅贷网、融360、维诚金融、财安金融、中国资金网10家,陆金所成为联盟秘书长单位。

2013年6月28日　上海资信有限公司受中国人民银行征信中心委托推出的网络金融征信系统(NFCS)正式上线运行"。

2013年12月　"第四届上海金融信息服务业高峰论坛暨上海互联网金融高峰论坛"由上海市信息服务业行业协会金融信息服务专委会联合宝山区政府共同举办,融道网承办。论坛发布了全国首个《网络借贷行业准入标准》。上海市网络信贷服务业企业联盟又吸收了证大e贷、信而富、前隆金融、新新贷、网贷之家、橙旗金融、海矩信达、积木盒子、贷帮共9家来自上海、北京、深圳等地的会员单位,成为国内最富代表性、模式最丰富的网络信贷行业组织之一。

2014年2月　上海市信息服务业行业协会金融信息服务专委会换届,由信而富担任秘书长单位,信而富总裁王征宇担任秘书长。融道网任金融信息服务专委会副主任单位,融道网总经理周汉担任副主任。

2014 年 6 月 以上海市网络信贷服务业企业联盟为基础,开始组建上海互联网金融协会。

2014 年 8 月 7 日,上海市政府印发《关于促进本市互联网金融产业健康发展的若干意见》,该意见是上海市政府办公厅、金融办广泛征求上海市信息服务业行业协会金融信息服务专业委员会、上海市网络信贷服务业企业联盟等行业组织以及上海知名的互联网金融企业,如阿里巴巴小微金融集团、陆金所、融道网、百度小贷、上海资信有限公司、汇付天下、快钱、网贷之家等,并在上海市委常委、常务副市长屠光绍亲赴拍拍贷、融道网进行调研的基础上形成并出台的。

表 9.1 网贷联盟成员名单

序号	公司名称	平台名称
1	上海陆家嘴国际金融资产交易市场股份有限公司	(陆金所)
2	上海拍拍贷金融信息服务有限公司	(拍拍贷)
3	上海融道网金融信息服务有限公司	(融道网)
4	上海诺诺镑客金融信息服务有限公司	(诺诺镑客)
5	上海维诚志信金融信息服务有限公司	
6	上海你我贷金融信息服务有限公司	(你我贷)
7	上海财安金融服务有限公司	
8	上海畅贷金融信息服务有限公司	(畅贷网)
10	上海亚桥金融信息技术有限公司	(中国资金管理网)
11	上海点荣金融信息服务有限责任公司	(点融网)
12	上海前隆金融信息服务有限公司	(手机贷)
13	上海信而富企业管理有限公司	
14	上海涌信金融信息服务有限公司	(新新贷)
15	上海证大金融信息服务有限公司	(证大 e 贷)
16	上海盈灿投资管理咨询有限公司	(网贷之家)
17	上海橙旗金融信息服务有限公司	
18	深圳市海锯信达投资发展有限公司	
19	北京融世纪信息技术有限公司	(融 360)
20	北京乐融多源信息技术有限公司	(积木盒子)